ちくま文庫

関西フォークがやって来た!

五つの赤い風船の時代

なぎら健壱

筑摩書房

関西フォークがやって来た!——五つの赤い風船の時代

目次

関西フォークがやって来た!

——五つの赤い風船の時代

文庫版はじめに

誰かの家で西岡さんが歌っていた——家ではなくて、どこかの楽屋なのかもしれない。相変わらずの西岡節であった。少し声が野太くなったような歌い方だったが、力強い歌唱であった。「ああ西岡さんやる気になったんだ、これって新曲だよな」と思っているあたしは嬉しかったし、なんだか懐かしかった。傍にイサッちゃん（中川イサト）がいて、黙って西岡さんの唄を聴いていた。小さな声で「西岡さん、歌う気になったんですね」と言うと「ああ、最近な、また歌っているんや」と返ってきた。そこになぜか順平（佐久間順平）がいて、マンドリンでバックをつけようとしている。あたしもギターでフォローをしようと、順平に「キーはなに？」と聞くと、「5の平《ひら》歌《うた》」と言う。「えっ？」5の平歌という意味が分からない。5カポ（F）なのかなと思って、ギターを取り出すのだが、チューニングが合っておらず参加できない。そのうちに唄がどんどん進んでいく。

そこで眼が覚めた。しばらく西岡さんが歌っていたメロディが耳に残っていた。C

からAmにコードが変わる曲であった。

なぜそんな夢を見たのか分からない。西岡さんもイサッちゃんも、ここ何年かステージに立たなくなってしまっている。で、こんな夢を見たのか？　しかしそこには力強く歌う西岡さんと、元気なイサッちゃんの姿があった。

五つの赤い風船が大好きだった。はじめて楽屋でサインをもらってから――そうか五十年以上たってしまったのか……。


とにかくあたしは、顕著なフォーク少年であったことは間違いない。当時流行りのエレキサウンドに触発されてギターが欲しくなったのだろう。中学二年の時にギターを手に入れた。――エレキギターではなかった。ピアレス社の二千五百円の、ガットギターでもない、またウェスタンギターでもない珍妙なギターであった。ボディは合板であり、エンドはジャズギターのようにテールピースブリッジであった。余談だが、そのギターはドブロギターに改良しようとして失敗して、弾くことも叶わないギターになってしまって、五年ほどたった頃に廃棄してしまった。

まったく同じそのギターを、上野池之端の古道具屋が軒を並べる露店で見つけたのは、今から七年ぐらい前のことだろうか。よもや同じギターとは一生巡り会えないだろうと思っていたので、得も言われぬ懐かしさと当時の思い出が込み上げてきた。六千五百円の値が付いていた。ちょっと弾かせてもらったが、もはやチューニングが合うような状態のギターではなかった。オヤジに「高いな〜」と言うと、「時代が付いているからだよ」と返ってきた。まあ、間違いはない。買ってやろうかとも思ったが、さすがに断念した。

その奇妙なギターを中二の夏に手にしたのだが、周りにギターを弾く同世代の人間もおらず（いちおう近所の古賀メロディを弾いていたおばさんに、チューニングなどは教わった。森さんと言いました）、完全に我流でギターに触っているしかなかった――ギターを弾いているなどとはとても言えない、それ以前の状態である。単音でしか曲を弾くことがなかった。コード（和音）というものを知らなかったのである。今ならまずギターといえばコードから入るのが当たり前のようになっているが、あたしの場合はどういうわけかコードを知らず、単音でポツンポツンと音を拾っては鳴らしていた。それでも毎日のようにギターを触っている内に、どんな曲でも単音でならすぐに弾けるようになった。

ところがそれから一年ぐらいたった頃であろうか、ふとした切っ掛けで、クラスでギターを弾ける人間が、コードを弾いているのを眼にしたのである。そこで初めてコードなるものがあることを知った。一体そのコードというものは何者なんだろうか？彼曰く、雑誌『平凡』や『明星』の付録の歌本の譜面の上に書かれているシー（C）だとかエーエム（Am）だとかがコードだと言う。で、何かの本を見て、最初はCとGを覚えたんだっけ？　それともCとAmだったか？　ともあれよく分からないままコード表を見て、そのとおりにフレットを押さえると、「お～なるほど」ってな音が出た。

で、いくつかのコードを覚えたのだが、ただコードだけ鳴らしていても面白くもなんともない。コードでジャカジャカやれば、それにともなって唄が不可欠であるということを身体が欲したのである。早速それで当時流行っていたグループサウンズの曲だったかを弾いてみた。最初に覚えたのはワイルドワンズの『青空のある限り』だったっけか？　ギターを始めて一年かかってギターコードを覚え、それに合わせて唄を歌うようになった。『十日間ギター独習教則本』なんてものを見て覚えようと思ったのが失敗だった。あんなものを見た日にゃ、とてもギターを弾けるようにはならない。

その頃であろうか、フォーク・ソングというものを知るのは。エレキではなく、このギターが出すコードというものに合うのは、フォーク・ソングというやつではなかろうか？　そこでフォーク・ソングのコード譜を探してきて、ギターで覚えたてのコードを弾き、『バラが咲いた』『若者たち』『今日の日はさようなら』、多分そんな曲ではなかっただろうか、それをストロークで弾きながら歌った。

日本の大学生あたりが歌うフォーク・ソングをかじっているうちに、フォーク・ソングの発祥であるアメリカのフォークにも興味を持ちはじめ、そうした曲をラジオやレコードから拾った。

当時文化放送で『ビック・フーテナニー』という番組をやっていた。年によって末尾にその年の66とか68が付いた。たとえば『ビック・フーテナニー'68』といえば一九六八年のことである。記憶が曖昧だが番組は一九六六年頃から六九年頃まで続いたのではなかったか。東京では火曜日の夜九時から十時までの放送で、あのボールペンのビックがスポンサーで、冠にその名前がついているというわけである。

パーソナリティはいずみたくで、お相手は局アナの鈴木ひろ子という方であった。今月の唄というコーナーがあって、いずみ先生が作曲した唄が紹介され、応募すると譜面が印刷されたはがきが送られてきた。ちなみにあたしの手元にはピンキーとキラーズの『恋の季節』のはがきが残っているはずである。いずみ先生は、ピンキーとキラーズは、アメリカのスパンキーとギャング（SPANKY & OUR GANG　女性シンガー、スパンキー・マクファーレンを中心に結成された六人組）を狙った、と言っていた。

その番組を毎週楽しみに聴いていて、毎週のトップ10だかをノートにメモっていた。

林間学校の時、志賀高原だかの山の中、電波が悪いのを携帯ラジオで一生懸命音を拾って聴いていたのを思い出す。その番組で流れる和製フォーク、アメリカン・フォークをとにかく吸収した。今でもどこかにその番組のテープが何本か残っているはずである。当時の録音はオープンリールだったもので、見つけたとしても機材がないために、一生聴かない（聴けない）かもしれない。聴けば思いがけない発見もあるでしょうがね。

余談だが、その番組で藤原豊という人の唄がよくかかった。「♪ふぅん〜ぽぽう〜んぽぽ　明日はどんな日なの〜」どこか違うかも知れないが、そんな唄を覚えている。実は藤原豊、一九七〇年の全日本フォーク・ジャンボリーに出演している。しかし名前が浸透していなかったのか、全く受けなかった。またあたしは客席で期待をしながら聴いていたのだが、あきらかに選曲ミスだと思った。ラジオで聴く彼の唄と違って、彼の良さが全く出ていなかった。しかしその頃を境に、突然彼の名前を聞かなくなってしまった。彼が歌い続けていれば、日本のフォーク・シーンが少しは変わったかもしれないのに。

高校の時、フォーク・ソング同好会のようなものに参加した。とは言ってもクラブとか同好会とかの名称は持っていない、三年生の先輩バンド（一バンドだけしかいなかった）に付いて教えてもらうだけだった。たぶん学校側にクラブや同好会の申請をしても、通らなかったに違いない。それから二年後、卒業間近、あたしとどうにか共感してくれる先生と一緒になって同好会を作った。しかしフォークと付けるのは御法度だと言われ、『ギター同好会』とした（教師たちがフォーク・ソングという言葉に何かよからぬものを感じていたんですかね〜）。後年、この同好会にC－C－Bの笠浩二が在籍したと聞いた。

その二年上の先輩のグループ名は『メープルファイブ』と言った。ブラザース・フォアのコピーをやらせるとまず本家より巧いのではなかろうかと思うほどの腕前であった。その先輩にブラザース・フォアの歌、PPM（ピーター・ポール&マリー）の歌などを習ったのだが、いや〜とにかく巧く、とても付いて行けるものではなかった。あたしゃ今でも、本家より巧いと思っている（たぶん錯覚でしょうがね）。その先輩たちに教わりながら、あたしを含めて三人のメンバーが切磋琢磨した。

あたしたちは一年、先輩方は三年生。二年生には誰もいなかった。先輩方が卒業をすると、誰も教えてくれる人がいなくなってしまい、我々は自力で練習をするしかない状態におちいったのである。しかしそれは先輩たちの形の模倣でしかなかった。

そんなある日、一九六九年三月十九日にあたしの中で革命が起きた。そんな大袈裟なものではないと思われるであろうが、そのあたりは本文に詳しい。

はじめてアングラ・フォークなるものに直に接したのである。本文にもあるが、多感な時期にとんでもない音楽に接することができたのである。あたしは今までの、アメリカン・フォークの模倣を捨てた。これも本文に登場するが、それからはアングラ・フォーク一辺倒になってしまうのである。

アングラ・フォークを別名関西フォークとも言った。関西フォークという言葉は誰が言い出したのか、フォーク・クルセダーズや高石友也（現・ともや）など、関西を中心に活動していた人たちのムーブメントからきていることには間違いがない。これが発祥であろうが、関西フォークという言葉は、定かなフォークのジャンルを表わすものではない。つまり俗称である。前述のように、関西フォークと並ぶ呼称に、アングラ・フォーク、反戦フォークなどがあったが、こちらも同じである。自然発生的に聴き手が勝手にそう呼んだだけで、当のフォーク・シンガーたちはただフォーク（フォーク・ソング）と呼んでいたのではなかったか。関西フォークも反戦フォークもマスコミあたりが分かりやすい呼称を欲しがって、そう呼び始めて広がっていったのかもしれない。

もっとも、関西から発信した関西フォークだが、アーティストの出身地とは関係なく、つまり関西フォークとはその意ではなく——まったくとは言わないが——そうしたフォークの発祥が関西からだったということに他ならない。

つまり高石友也が先鞭をつけ、先導を指揮しフォークを外国の模倣と違う独自のものに仕立て上げた。関西フォークという名称はいずれフォークファンには当たり前に通じる言葉になったが、そう呼ばなくてはならないという確固たる不文律もなかった。暗黙のうちにそう呼ばれるようになったのであるが、お茶の間まで浸透していったのかどうかは、覚えてないな〜。

そのパワーは当時関西を基盤に、若者たちの心を充分引っ張っていく力を持っていたし、それに追従する若い歌い手たち、たとえば関西でいえば中川五郎などもそうであろう、若い力が唄に対する真摯な姿勢を見出そうと、多くの若者がギターを片手に歌い始めた。

やがて関西勢と関東勢が出会えるコンサートが実現する。『第三回フォーク・キャンプ（一九六八年、京都山崎の某寺で行われた）』（高石事務所と高石友也後援会が主催して、第一回から四回までが公式のイベントである）というのがそれである。ここでの融合が、新たなエネルギーを生んだ、と言っても過言ではないだろう。関西から発信をはじめたフォークは、双方のフォークに刺激を与えた——いや、お互い切磋琢磨しあった。

そして、そうしたムーブメントは、インディーズであるＵＲＣという特異なレコード会社を生むことになる。

あたしとしては、本文にあるように、たった一回のコンサートで心が関西フォークにやられてしまっていた。高石友也、岡林信康、高田渡、そして五つの赤い風船である。あたしの前に関西フォークが立ちはだかったのである。

そうした唄たちが、若者の支えもあってブームになってきた。カレッジ・フォークから関西フォーク（あえてここではそう呼ばせてもらう）に移行しはじめていた。前掲のラジオ番組『ビック・フーテナニー』も当初はアメリカン・フォーク、カレッジ・フォークが主体であったが、六九年頃になると高石友也、岡林信康の曲もかかるようになってきており、やがてそれが逆転するようになってくるのである。いずみたくのコメントがいささか当惑気味になってきたと感じ始めたのも覚えている。

マスコミがそれまで一部の若者にしか支持されていなかった関西フォークを取り上げはじめ、無名だった高石友也、岡林信康、高田渡等の名前を取り上げるようになってきていた。その立役者のひとり（グループ）に五つの赤い風船がいたのである。もっとも、当初は関西フォークと呼ばれることに別に何も言葉を発することはなかったアーティストたちだったが、いずれそう呼ばれることに、いささかニュアンスが違うと感じたのか、戸惑いを覚えたのか、「関西」「アングラ」「反戦」と固執されることに異議を唱えはじめ、一時は「メッセージフォーク」「メッセージソング」と呼ぼうという動きもあった。

しかし名称はどうとあれ、関西フォークは若者たちの心をガッチリとらえたのである。


そして今回『五つの赤い風船とフォークの時代』が文庫化されるにあたって、タイトルを替えた。『関西フォークがやって来た！』がメインとなり、サブタイトルを『五つの赤い風船の時代』とした。なぜ『関西フォークがやって来た！』に替えたかというと、ここに書かれているフォークがもてはやされたのは、半世紀前である。五十年前に生まれた人は当然リアルタイムで当時のフォークを聴いているわけがない。母親がフォーク好きで胎教音楽として聴いていたのなら分からないでもないですがね……。

シルバー世代がフォークを知らなくなっている時代なのである——忘れられているのではなく、端《はな》から知らないのである。そこで編集者が、「五つの赤い風船をとおして、十分関西フォークの生い立ちになっていますよ。確かに五つの赤い風船の歴史ですけど、そこから見えるのはやっぱり関西フォークなんですよ。『関西フォークがやって来た！』でいきませんか？　当時を知らない若者に、関西フォークとはなんぞやという意味で、そちらの方が分かりやすい呼称と思って下さい」なる言葉にほだされたからである。しかし関西フォークを語るには、五つの赤い風船だけを語ったのでは、語り足りない部分があまりにも多すぎる。この一冊を、関西フォークを知る導入部だと思ってもらうしかない。

今年（二〇二一年）の一月に駒草出版から、『高田渡に会いに行く』という一冊を上梓した。それを執筆している時点で、あたしは『五つの赤い風船とフォークの時代』に眼を通さなかった。それ以前に書いた『日本フォーク私的大全』（ちくま文庫）も同様である。読み返せば文章がダブることを嫌うだろうし、そこを避けようともするであろうという懸念があったためである。よって、かなりの部分において案の定ダブっている。物書きとしては、あるいは読み物としては「負」なのだろうが、そこをあえて避けてしまえば、話が通じなくなるし、あたしの頭だけが知っていることになる。あたしが知っていることは、少なくとも皆も知っているという考えで、今までいろいろ書いたり話したりしてきた。しかしそれは錯覚である。しつこいようだが、フォークが流行っていた時代は半世紀前なのである。それを知っている人より、知らない人の方が俄然上まわってきているのである。もっとも知っている方は煩わしいだろうし、逆にうるさいだろう。しかしここはひとつ、フォークの時代をリアル体験しておらず、逆にそれを新しい音楽ととらえる人たちが出てきていることも事実として分かっていただきたい。『日本フォーク私的大全』『高田渡に会いに行く』『関西フォークがやって来た！』をなぎらの、いや日本のフォーク・ソングの三部作として、併せて読んでいただきたい。すると前述の「関西フォークを知る導入部だと思っていただきたい」が分かっていただけると思う。

余談になるのだが、実は、生涯あたしがファンレターを書いたのは、唯一西岡たかしさんだけである。どんなことを書いたのかは失念したが、「もしかしたら返事が……」と毎日学校から帰るとポストを覗いてみたことは憶えている。返事が来ることはなかったが。

西岡さんと話ができるようになって、5年ぐらいたっていただろうか――ということはファンレターを出してから相当たっている。「高校の時、ファンレター出したことがあったんですよ」と言うと、素気なく「ふぅ～ん」とだけ返って来た。しばらく時間が空いて、「俺の似顔絵みたいなのが、文章の回りにたくさん書いてあった？」と訊いてきた。「そうです、それです」覚えていたんだ、あたしは次にどんな言葉が返ってくるのかと胸を躍らせた。しかしまたもや、「ふぅ～ん」だけであった。それ以上何もいらなかった――あたしは嬉しかった。あたしのファンレターが眼にとまってくれていたこと自体が妙に嬉しかったのである。

何回目かのインタビューを終えて別れた後、あの西岡さんに対等（?）に接することができたことに、あたしは感動すら覚えていた。「あの頃は、よもやこんなふうに話ができるなんて考えもしなかった」と。

本書はそうしたインタビューをもとに執筆した箇所が多くあるのだが、内容についての責任は筆者である私、なぎら健壱にあることを断っておきます。

こうしたことは普通、巻末に書くことであろうが、今回の文庫化にあたって、ちくま文庫編集部の許士陽子さん、永田士郎さんにご尽力を賜り、感謝の一言であります。いろいろ訂正箇所を指摘されて、単行本時に、こんなにも誤字、言い回しのおかしなところがあったとは、ただ赤面の至りであります。それを真っ直ぐな方向に正していただきました。また、推薦文を書いて下さった坂崎幸之助さん、解説を快く引き受けて下さったタブレット純さん、カバーのイラストを描いて下さった朝野ペコさん、ありがとうございました。

再度、読者のみなさまにも感謝です。

二〇二一年桜の頃　　　　なぎら健壱

プロローグ

西岡たかしは三鷹（東京都の多摩地域）という土地にはまったく縁がなかった。初めて訪れるその不慣れな場所にいささか戸惑いを覚えていた。しかしそこは未知の土地であるにもかかわらず、なんとなく既視感のようなものがつきまとっていた。それを戸惑いと言ってもいいのだろうか、分からない……。

高田渡は毎日のようにこの道を歩いていたのか、そう思うと見知らぬ土地なのにどこか遠くに回帰するような感覚があり、それが戸惑いにも似た感じを覚えさせていたのかもしれない。それは、なんとも説明のつかない妙な感慨でもあった。なぜそんな気持ちにさせられたのかも分からない。

見上げる空には、初春を忘れさせてくれるようなまぶしい太陽があった。街路樹の青葉が陽を受けてキラキラと輝いているのを眼にして歩みを進めていると、高田のことがポツリポツリと雨だれのように思い出されてきた。好天気に雨だれは似合わないのではないか。西岡はその雨だれをなるべく数えないように努めた。思い出せば切りがない……思い出せば切りがないのだ。

高田渡の住んでいたアパート、銀嶺荘が眼の前の建物だと察し、足を止めた。〝住んでいる〟のではない、〝住んでいた〟なのである。

昨日の十六日、マネージャーから高田渡が亡くなったことを報らされた。西岡は受話器を置いた後、しばし呆然として、「なんで？」と自分に問いかけるように電話機を見つめていた。

高田渡、享年五十六であった。

二〇〇五年四月十七日、高田渡の通夜が彼の住まいであった三鷹のアパートで行われると知らされた。西岡は悲痛な思いで新幹線に揺られて大阪から東京にやって来た。新幹線の車内でも渡のことが思い出された。うつらうつらすると、現《うつつ》と夢の狭間に渡の顔が浮かんでは消えた。

西岡は三月三十一日、札幌でのコンサートで渡と一緒になったのが最後となってしまった。ソロになってから、西岡と渡はコンサートで一緒になったことがほとんどなかった。札幌のコンサートで一緒になったのは偶然と言えば偶然だったのだろうが、なんとなく今思うとそれは必然だったのではなかろうかと、そんな思いにも駆られるのである。

久しぶりのジョイントライブで、渡も西岡と会うのを楽しみにしてくれていた。楽屋での渡は、二人でいられることをまるで懐かしむように、いつになく上機嫌だった。西岡が何を訊くでもないのにいろいろ語ってきた。

西岡はふと思い出した。そういえば昔、地方のコンサートでよく一緒になった頃、渡がおしゃべりだったことを……。ステージでは皮肉屋で朴訥としていたが、楽屋ではよどみなくしゃべり続ける饒舌な若い渡がいた。

楽屋での彼の手には一昨年、五十三歳という若さで亡くなったミュージシャンの坂庭省悟の形見分けのような形になったマーチンD—45があり、それをあたかも西岡に見せびらかすかのように爪弾いていた。

その日のステージでの彼は、久しぶりにたっぷり歌った。『仕事さがし』から始まって『生活の柄』まで、おしゃべりを交えて十三曲を一時間弱かけて歌った。

その夜の打ち上げでも、いつもと変わらない渡がそこにいた。

翌日、帰る間際、先に帰途に着く西岡はホテルのフロントから渡の部屋に電話を入れた。渡は次のライブ地に出発するまでまだ時間があったのだろう、ひとり部屋にいて電話を受けた。前日が寒かったことを思い出し、西岡が「寒いから無理をするなよ」そう声をかけると、彼は元気な声で「分かった、分かった」と返してきた。「じゃ〜な」「うん」それが渡と交わした最後の言葉となってしまった。前日のステージで渡が冗談で言っていた「二度と人前に出ることはないかもしれない」あの言葉がやけに心に引っかかった。

高田渡と西岡たかしは関西フォークの創生期、ギターを抱えて日本各地を回った。関西フォークがまだ産声を上げたばかりの頃、いや、まだフォークと呼ばれる言葉が浸透していなかった頃、一緒の時を過ごしたのである。別に誰々のためにやったとか、そんなわけではない。ふたりとも歌うことが楽しくて仕方がなかったのである。何をおいても大勢の客の前で歌い、客の反応を眼にすることは素敵だった。まだ仕事という観念が希薄な頃のことであった。仕事であるという観念は逆に、楽しく歌うことに対して付随するものであったのかもしれない。

今になって考えると、そうすることが宿命であるような位置づけだった時代であったのかもしれない。西岡は仲間として付き合っていた渡に、そして自分に対して「よく頑張ったな」そうした言葉を投げかけてやりたい。そして、あの時代の日本のフォークの中でよくやってきたということを、誇りたいと思っている。

西岡と渡とは、デビュー・アルバムで偶然にカップリングになったが、それが縁であったわけではなく、その前から付き合いはあった。

京都に住んでいた渡が西岡の家へ遊びに訪れたのは、彼がまだ十代の頃であった。渡は情熱を持ってブルーグラスやマウンテン・ミュージックの話を西岡に語った。そうした音楽では、西岡の方が渡の先輩にあたるということもあり、西岡もそれに対して引き出しの中から、渡と相通じるものがある話をなるべく探し出して語った。好きな音楽に対する興味の持ち方に共通点があったのだ。詩のこと、渡が好きだったミシシッピ・ジョン・ハートのこと、互いに持ち出す音楽の話は面白かった。時間も忘れて話に花を咲かせた。

プロになってからは、目指す音楽もまったく違うものになってしまったが、常に渡の方がなんとなく西岡に親近感を持ってくれていたような気がする。それを不思議だなぁと思っていたが、お互いの持っていたアメリカの古謡に対しての憧憬がそれであったのだろう。日本のフォークがやっと芽を出し始めた時代。そこに身を投じる人間たちにはみな重なる部分があった。それが渡との間では特に顕著であった。

出会った頃はお互いの生い立ちなど知るよしもなかったのだが、彼は親父のことを熱く語った。その時、渡の親父のことをおぼろげながらも知ることが出来たのである。渡は親父さんのことを何回も復唱するように語った。今思うと西岡は、親父さんのことを語る渡を思い出すことが、なんだか彼を偲ぶのに一番なのではなかろうかという気がしてならない。渡は親父さんの背中をずっと追いかけていたのではなかろうか。

渡は、親父さんを詩人だったと表現をした。その詩人という言葉の響きに、ある種の見栄のようなものを感じるのを禁じ得なかった。親父さんは経済観念も甘く、人に上手く利用されて下手な生き方をしたんじゃないか……渡はそれに巻き込まれた。言い方は悪いかもしれないが、失敗者の息子であったのだ。勿論、渡本人が親父に対してそんな見方をしたかったわけではなかろう。親父にも一つの理があったというとらえ方をしたい。それが自分の父なんだから、一つの格好付けとして……渡の言葉の端にはそれが見え隠れしていた。

まだ若かった渡は、自分のことをよく知らない西岡に対して、親父は売れないアル中の詩人であるとしたかったのだろう。それが渡の優しい面であったとしたい……西岡はそう考える。

高田渡の唄は親父が落伍者であるという気持ちを払拭するために、また親父に褒めてもらいたいがために歌っていたような気がしてならないのだ。

アパートに隣接する空き地には、渡を偲ぶ仲間であろう、何人かの人たちが缶ビールやプラスチックのコップを手にして、沈痛な面持ちで空き地に鬆《す》を空けて立ちつくしていた。

渡もよく飲んだよな……。

視界にある人たちは、渡と懇意にしていた仲間であろうが、そこに知っている顔はなかった。西岡は所在を失ったように眼を伏せ、人があふれているアパートの、渡の部屋だったと思われる開け放たれたドアの方を見やって歩んで行った。

酒のせいなのか、泣きはらしていたのか、うるんだ瞳をした小柄な女性が何か独り言をつぶやきながら、地面に座っている。

知っている顔を探して、人と人の間を縫っている時、視線の先になぎら健壱の姿があった。西岡を目ざとく見つけた彼が足早に近づいて来た。

「西岡さん、ご苦労さんです。東京には今日来られたんですか?」

「うん、さっき東京駅に着いたばっかりだよ」

「驚かれたでしょ? 遠いところをご苦労様です」

「遠いところ、そんなのなんでもないよ。だって渡が亡くなったんだよ。大変でもなんでもないよ……最後のコンサートで一緒だったんだから」

「ええ、聞いています。でも大阪からじゃ、大変でしたね」

周りの人間たちは互いに渡のことを追想しているのか、そうした会話に耳を傾けるでもなく、みな、深い悲しみを訴えているような眼で、それぞれが、それぞれの見るべき方向を見つめていた。

大阪からじゃ、大変でしたね？　だから大変でもなんでもないんだ……。という西岡の眼があった。

西岡は一旦言葉を置くとこう口を開いた。

「だって戦友だよ」

自分でも、咄嗟にそんな言葉が口をついて出るとは思ってもみなかった。

「えっ？」なぎらが訊き返した。

「だから、同じ釜の飯を食った戦友なんだよ」

西岡は、自分に念を押すようにそう言った。

「戦友だったんだよ……」

第一章　レコードとギター——一九五〇年代の大阪

西岡たかし（隆）は一九四四年（昭和十九年）五月二十七日、母親が大阪から疎開をしていた四国で生まれた。もっとも本人は「疎開先は母の遠い親戚かなんかがあったんじゃないかな。四国で生まれたようなことをお袋に聞いていたからね」と語るぐらいであるから、その幼過ぎる記憶はまったくもってない。疎開先で生まれたことは別にしても、西岡には大阪で生まれ、大阪で育ったという認識しかない。したがって浪速っ子であるというとらえかたで間違いないであろう。

あのねェボクねェ　やっぱりね
大阪ちゅうのが好きでんねん
御堂筋も　心斎橋も

生玉さんも　天神さんも
えべっさんも　てっぽう節も
お好み焼きも　たこ焼きも
関東だきも　ちょぼ焼きも

あのねェボクねェ　やっぱりねェ
大阪ちゅうのが好きでんねん
天王寺さんも　カメの池も
動物園も　茶臼山も
中の島も　ドブ池も
けつねうどんも　てっちりも
通天閣より　好きでんねん（『大阪弁』）

兄弟は兄が三人、そしてたかしの下に妹がひとりいる。

戦時中父親は、海軍関係の仕事のため大分県の別府にいた。たかしが生まれた五月二十七日が海軍記念日にあたることから、西郷隆盛の名前から一字を取って〝隆〟にしたと聞いた。

住まいは大阪市生野区の鶴橋にあり、父親はその住居から千日前通りを隔てた大阪市東成区の東小橋で個人事業の工務店をやっていた。西岡は個人事業なので、さほど規模は大きくなかったと回想するが、それでも何人かの職人を使っていたというから、それほど小規模だったわけでもなかろう。

そうした兄弟が多い家庭では、音楽に興味を持つことは少なからず兄や姉などの影響が大きいものなのだが、西岡は三人の兄から受けた音楽の影響は薄いと語る。もっとも、本人が意図としない内に刺激を受けていたのは当然あるわけだが、それは後述することにしよう。

しかし文学や詩などの文字、言い換えれば言葉に関することに対しては、すぐ上の兄である三男に応じたと言う。まあ、応じたと表現していいのか、無理矢理教えられたと言い換えればいいのか？　なんと表したらいいのか判断に苦しむが、なんにしても影響はあったのである。

とにかく西岡は勉強が嫌いだったと語る。子供の頃は活字を読むことが苦手で、当時の漫画の絵があまりきれいではなかったということもあって、漫画にすら馴染めずにいたと語る。

兄弟は、どうにか活字に馴染んでもらおうと思ったのか、「日記だけでも書け」と促して日記帳を渡してくれるのだが、とにかく字を読むことさえもさることながら、書くことも大嫌いであった。要するに活字嫌いとしては、日記など書く気は毛頭ない。まあそれでも顔を合わせるたびにやいのやいの言われるもので、仕方ないと諦めて、日記とは呼べないかもしれないが、毎日なんとなく心に思い浮かんだことを二、三行連ねるようになる。それがやがて五行になり六行になり、これが思いもよらず長続きをすることになるのである。

この経験が後年活字嫌いを克服してくれることになるのだが、西岡が、活字好きになるにあたってのエピソードがもうひとつある。これがなんとも不思議な話なのである。

高校生のある日、西岡が外出先から帰って来ると、机の上に何やらぶ厚い本が置かれているのを眼にする。当然自分で置いたものではない。後に、すぐ上の兄貴が置いたものだと分かったのだが、なんだろうと思ってなんの気なしにそれを手に取ってみると、なんとその一冊はマルキ・ド・サドの『悪徳の栄え』であった。なんだかよく分からないままにページをめくると、その忌まわしい内容に驚かされもしたのだが、反してその内容にドキドキわくわくもさせられたのである。活字は嫌いだったが、多感な時期のことである、そうした読み物に興味がわかないはずがない。

一九六一年、マルキ・ド・サドの『悪徳の栄え』を翻訳した澁澤龍彦は、猥褻文書等頒布罪で起訴される。一九六二年に東京地裁で無罪判決が出たが、検事控訴で高裁から最高裁まで争った末、一九六九年に澁澤側の有罪が確定する。そんないわくつきの一冊である。

読み終わって兄貴の元にその本を返すと、また別の本が置かれてあった。再びわくわくさせられたのだが、以後『悪徳の栄え』のような本はなかったと言う。しかし兄貴は西岡が本に目覚めたと思ったのか、次から次へと弟のもとに本を置いていったのである。その中には何やら小難しい哲学書の類もあったと記憶する。

元来、そうした本を無理矢理読ませられれば、余計に活字嫌いになるのは眼に見えているのだが、西岡は内容の方はよく理解出来ないままに、とりあえずそれを読んだ。しかし兄貴がなんのためにそうした本を置いてくれたのか未だ謎である。

まあとにかく、その兄貴本人からは直接何かを教えてもらったというわけではないが、それがきっかけとなり、やがて図書館などにも通い出すようになるのである。高校生と言えば、西岡はすでに音楽に興味を持っている時期であり、詩なども少しずつ書き始めていた。それまで無縁であった詩や文学書などに心が動き、やがて活字は西岡にいろいろなことを教えてくれるようになるのである。

音楽の方で兄の影響はなかったと前述したが、長男が友人から借りてきたジャズや歌謡曲などの古いレコードは、なんとなく耳に入ってきていた。長兄とはひと回りも歳が離れていることもあって、直接音楽の話を聞いた覚えもないし、音楽の指導を受けたというような記憶も残っていない。それはまだ本人にとって音楽が興味の対象外であり、音楽というよりも単なる〝音〟として幼いたかしの耳に入ってきただけのことである。つまり必然的に耳に入ってきたわけではなく、家庭環境の中に音楽が存在していたからと表現した方が正しいのであろうか。

しかし、そうした環境下において身近に音楽があるということは、サブリミナル効果ではないが、自ら関せずともどこか心に残っていくということには間違いないだろう。西岡本人も「そうした時代において音楽がすぐ側にあるということは、知らず知らずの内に音楽に関することに興味を引かれて、好き嫌いに限らず耳をそばだてていたってことかなって思うんですよ」と語る。

だが当時の家庭ではまだ蓄音機などを持っている家も少なく、蓄音機から洋楽などが流れている家など、そう多くはなかったと思われる。親が工務店をやっているので、金回りはそんなに悪くなかったと語る西岡家には、当時の先端の電化製品などはひととおり揃っていたらしい。テレビなどもいち早く手に入れたし、ラジオを大きくしたような78回転の、SP盤がかけられる電気蓄音機、要するにステレオである。つまり音楽に対する環境がよかったのだろう。

もっとも、当時の家庭の多くがそうであったように、耳にする音楽そのものを考えるなら、蓄音機よりもラジオから多彩な音楽が常に流れてきている時代であった。朝から晩まで、クラシックからジャズまで、はたまた広沢虎造などの浪曲なども流れてきており、当然時代の寵児であった美空ひばりの唄も聴こえてきていた。とにかく音楽専門番組が少なくなった昨今とは違い、当時は一日中ラジオから邦楽洋楽を問わず、何かしらの音楽が流れてきていたのだ。その分野が違う音がそれぞれ並んでいても違和感がなかったのである。

戦時中、洋楽は敵性音楽として聴くことも演奏することもままならず、内務省と内閣情報局は米英の音楽を排除したのである。警視庁の指導のもとに、千曲余りの敵性音楽禁止リストも発表された。

それが終戦の声を聞くと共に、まるで乾いた砂が一気に水を吸収するかのように、洋楽は日本全国に広まっていったのである。戦中から脱した日本は新しい音楽に接することで、人々の心を癒すように潤いを与えていった。

進駐軍と共にジャズ、ハワイアン、カントリー&ウェスタン（C&W）、などのアメリカン・ミュージックが大都市から発信され、あっという間に日本中に広まって行くことになる。それを大きく担ったのがラジオの音楽番組であった。

戦後間もない時代に洋楽は総てジャズと称されていたこともあった。音楽に限らず、洋式のものが日本の家庭に入り込んで来た。その洋風文化の席巻に危機感を覚えることなどまだまだ先のことであり、とにもかくにも欧米の生活様式の模倣に憧れたのである。

そんな時代、横文字であるジャズなる言葉を使うことが先進的だったのか、あるいはそれに取って代わる言葉がなかったのかは定かではないが、洋楽全般をジャズと呼んでいたのである。もっとも戦前でもジャズという言葉は馴染みのない言葉ではなかったが、それを老若男女がこぞって使い始めるのはやはり戦後になってからのことであろう。嘘のような話だが、洋楽の直訳がジャズなる言葉であると思っていた人も少なからずいたのである。

その後にはジャズという横文字に取って代わって、洋楽は軽音楽と総称されるようになるのである。今でいうところのポップスであろうが、先のジャズ、ハワイアン、カントリー&ウェスタン、ボサノバ、ブルース、シャンソン、カンツォーネ、はたまた映画音楽にいたるまで一様にポピュラー音楽を、軽音楽と呼んだのである。今考えてみれば、この軽音楽という呼称もなんとなく不思議な感じがする。軽音楽の〝軽〟とは簡単に言ってしまえば、クラシック音楽などに準ずるような格式ばった音楽ではなく、誰でも気軽に聴くことができ、商業的に流通される、より大衆的な音楽を指したのである。

一九五二年（昭和二十七年）四月二日に、日本ビクターが洋楽であるポピュラーを売り出すためにアメリカのビクター（RCA）と正式に原盤契約をむすび、文化放送が『S盤アワー』と銘打って本格的な洋楽専門のラジオ番組を開始した。S盤アワーと並んで五〇年代後半から六〇年代にかけて人気を博したのが、日本コロムビアがアメリカのコロムビア（CBS）と契約して、ラジオ東京（現・TBS）で放送を開始した『L盤アワー』である。他にもニッポン放送が放送をしたポリドールの『P盤アワー』、キングレコードの『魅惑のリズム』、東芝の『東芝ヒット・パレード』などがあり、文化放送が東京エリアで『ユア・ヒット・パレード』を開始し、後にネットワークを通じて全国放送の『9500万人のポピュラー・リクエスト』を打ち出すことになった。ラジオを通じてレコード会社各社がこぞって洋楽のポピュラーを流し、そうした戦中には聴かれなかった音楽が茶の間に流れるようになってきたのである。

当時、家庭のラジオから流れる洋楽や流行歌はもとより、浪曲や落語などの演芸番組が庶民の娯楽の一端を担っていたのである。それは現在のように無理にジャンル分けを施したものではない音楽であり、国民の誰しもが洋楽すべてをラジオから流れてくるにまかせて耳にし、ただ漠然と心を動かされていたのである。

そして、幼いたかし少年もそうした番組に耳を傾けるひとりであり、意味は分からずとも、ラジオを通して常に新しい音楽に接することが出来たのである。くどいようだが、音楽と言っても洋楽だけではなく、流行歌や演歌もあり、今から考えればジャンルは知らずとも幅の広い音楽を自分なりにチョイスをして育ったわけである。

幼い頃からそのまま自然に生活の一部として音楽があることは、なんと言っても平和な時代の側面であろう。邦楽洋楽問わず、また新旧問わず耳に入ってきた音楽だが、幼いたかしの耳にしてみれば全ての音楽が新しいものであった。

西岡は、音楽に興味があるなしにBGMとして聴いていたその時代の日本人と同じように、ただ洋楽をおぼろげに聴いていたと語るが、知らず知らずの内に洋楽を理解し、それに惹かれていったということには間違いないであろう。

——ひとつひとつの音楽が、信号のように強烈に入って来て、自分の中で組み立てられていったっていう感じがして、今考えると自分が知らない内に音楽をする方に近づいていったって感じがあったのかもしれないんですよ。吸収したいというような気持ちもありましたからね。

普通の聴き方じゃなかったのかもしれない。

眼には見えないが、そこにすでに、後の音楽に対する西岡独自の捉えどころがあったのかもしれない。

西岡は中学校に進むと、さらに洋楽に熱が入るようになり、前掲のラジオのヒット番組などを聴きまくるようになる。

もっとも聴きたい曲があっても当時のヒット・チャートは週に一回の放送なので、その時間帯でしか聴くことが出来なかった。つまりお気に入りの曲があったとしても、一週間我慢しなければならなかったのである。また一過性のヒット曲の宿命であるからにして、今この時ヒットしていたとしてもやがて新しいヒット曲にその座を譲らなければならなくなる。そうなれば一週間待っても、その曲はだんだん聴かれなくなっていく定めにある。それがどうにも歯がゆくなり、中学三年の頃になると小遣いを貯めて、ドーナツ盤とも呼ばれるシングル（EP）レコードを買うようになるのである。ラジオのアナウンサーの口から新譜の発売が紹介されると、とにかくそれを最大の情報源として、スピーカーにかじりついてその話に耳を傾けた。わたしなども然りであったが、とにかく録音装置のない当時、後でもう一度聴くなどということは到底叶わぬことであった。何がなんでもアナウンサーの一言を聞き漏らすまいと、メモ帳などを片手にラジオの前にへばりついていた。逃がしたらもう二度と会えない、大袈裟に言えば一期一会というやつである。

西岡は、最初はポール・アンカ、ニール・セダカのようなポップスが楽しそうだからという理由で、そうしたレコードを買っていた。

蛇足だが、西岡が中学二年〜三年の一九五八〜一九五九年（昭和三十三〜三十四年）の、『S盤アワー』年間のベスト10を記しておく。

一九五八年

①エデンの東（サントラ）

②ダイアナ（ポール・アンカ）

③君はわが運命（ポール・アンカ）
④真夜中のブルース（ベルト・ケンプフェルト）
⑤月影の渚（アンソニー・パーキンス）
⑥クワイ河マーチ（サントラ）
⑦河は呼んでいる（サントラ）
⑧クレイジー・ラブ（ポール・アンカ）
⑨想い出の指輪（エルヴィス・プレスリー）
⑩シャル・ウィ・ダンス（マーニ・ニクソンとユル・ブリンナー）

一九五九年
①大いなる西部（サントラ）
②鉄道員（サントラ）
③小さな花（ピーナッツ・ハッコー）
④ライフルと愛馬（ディーン・マーチン）
⑤騎兵隊マーチ（ミッチ・ミラー合唱団）
⑥情熱の花（カテリーナ・バレンテ）

⑦恋の日記（ニール・セダカ）
⑧トム・ドゥリー（キングストン・トリオ）
⑨キサス・キサス・キサス（ナット・キング・コール）
⑩煙が目にしみる（プラターズ）以上である。

ここで特筆すべきは、フォーク・ソングとして唯一、キングストン・トリオの『トム・ドゥリー』が、五九年の八位にランクインしているということである。この『トム・ドゥリー』はアメリカ本国では、五十八年にビルボード誌のトップ100で第一位になっている曲である。

また、六〇年にはブラザース・フォアの『グリーン・フィールズ』がトップ3にランクインし、六一年にはハイウェイメンの『漕げよマイケル』が一位に、六三年にはルーフトップ・シンガーズ『ウォーク・ライト・イン』が一位に輝き、同年六三年にはピーター・ポール&マリーの『パフ』『風に吹かれて』が大ヒットをしている。

日本のラジオ・チャート番組にも、ちらほらフォーク・ソングがランクインしてきてはいるものの、日本でフォーク・ソングという言葉が一般的になるのにはもう少し時間がかかることになる。

当時のアメリカン・ポップスはC&Wから発展したものが多かった。五〇年代半ばに大流行したのが、初期の黒人音楽のブルースから生まれたロックンロールと、白人音楽のヒルビリー（カントリーの古い呼称）が融合して生まれたロッカビリー（ロカビリー）と呼ばれる音楽であった。その時代、ロッカビリーの先端にいたのがエルヴィス・プレスリーであった。

そのブームが日本にも飛び火をして来ていた。洋楽のことを軽音楽と総称したとは前述したが、この頃日本は一大カントリー&ウェスタンブームの中にあり、ロッカビリーもウェスタンの中に組み込まれていた。プレスリーもそのルーツをたどれば、元々はカントリー歌手であった。

そして、東宝が運営する日本劇場（通称日劇）で、一九五八年二月八日から第一回ウェスタンカーニバルが開催されるようになるのである。ロッカビリーカーニバルではなく、ウェスタンカーニバルと銘打ったことに、いかにカントリー&ウェスタンのブームが大きかったかをうかがい知ることができる。この時、平尾昌晃、ミッキー・カーチス、山下敬二郎の和製ロッカビリー三人男がデビューをしている。第二回では、釜范ひろし（かまやつひろし）、守屋浩、井上ひろしの三人ひろしが顔見世《かおみせ》となった。

さて西岡たかしだが、この頃になるとだんだん流行りのポップスに飽き足らなくなってており、スタンダード・ジャズやモダン・ジャズに興味をしめすようになってきていた。さらに「自分に合ったお気に入りの音楽があるのではなかろうか」と、そうしたレコードを探すようになるのである。

近所のレコード店に日参しては、なんとなくレコードのジャケットを手にとって眺めていた。そのレコード店には、アーティストの名前すら知らなければ、それまでラジオでも聴いたことのない歌手のレコードがズラリと並んでいた。ところがその当時――大人に対してはその限りではなかったかもしれないが――中学生とおぼしき子供が店頭で「聴きたい」と言っても、まず試聴をさせてもらえることはなかった。それを無理強いすれば、あからさまに嫌な顔をする店主の姿があった。

どんな曲なのかまったく見当もつかないが、そこに並んでいるレコードのジャケットは魅力的であった。ジャケットだけでは内容を知ることは出来ないのだが、そこになんとなくバタ臭い異国のニオイを感じることが出来たのである。そのジャケットからすれば、好い音楽に違いない――きっと気に入るに違いない、と踏んではみるのだが、いかんせんそれを試聴することが出来ないのである。しかしジャケットだけを見て、気に入る、好い音楽であろうとする考えはいささか早計であり、しかもそれを自前で買うとなると、ある意味での冒険に他ならない。しかし西岡は自分の眼力を信じた。意を決してそのシングル盤を購入した。

それを抱えて逸る気持ちで家路をたどり、袋からレコードを取り出して嬉々として蓄音機の針を落としてみた。

それを聴いた途端、自分の眼力が崩れていくのが分かった。レコードジャケットだけにほだされて買ったはいいのだが、ポップスとはかけ離れたジャズ・シンガーのものだったり、ボサノバのようなものであったり、「横文字じゃあ分からないもんなぁ」と肩を落とし、ため息をつくことも一度や二度ではなかった。

ジャケットの魅力とはかけ離れている内容のレコードを手にしてしまったのだが、せっかく買ったレコードである。聴かなくちゃ元を取れないと、そのレコードに何回か針を落とした。ところが聴き続けている内に「しまった」そんなふうに心にあった気持ちは薄らいでいった。知らない曲だから、初めて接する音楽のスタイルだからこそ、逆に「この音楽は一体何なんだ？」と興味が沸くようになるのである。

そんな中の一枚に、ビリー・ホリデーの晩年の録音になるレコードがあった。中学生の西岡にとってそのレコードはいかなるものであったのだろうか？

――実はそれが『奇妙な果実（Strange Fruit）』だったんだよ。何買ってきたんだっていう感じで、ジャケットは美しいんだけど、唄は強烈な印象でさ。

「♪南部の木には、変わった実がなる……」で始まる『奇妙な果実』とは、リンチにあって虐殺され、木に吊りさげられた黒人の死体のことである。木に吊るされた黒人の死体が腐敗して崩れていく様を歌っている。

——最初聴いた時は出てきた声や歌い方がもう怖くてさ、人間の声って思えないような印象で、中学生のボクにとって初めて聴く、凄い、なんか腹の底から出てくるような声で……。綺麗じゃないし、それで歌っている内容も分からなかったので、どっちかっていうと嫌悪感が強かったんですよ。

ジャケットの美しさだけで買ったそのレコードを眼の前にして、反省を強いられることになったのである。ビリー・ホリデーの『奇妙な果実』の一節「♪ The bulging eyes and the twisted mouth（膨らんだ眼と歪んだ口）」の箇所の感情移入など聴いていると、西岡が語るように確かに怖いくらいである。

しかし西岡は聴いている内に、「こうした唄もアメリカでは市民権と呼ばれるものを持っているのか？ 価値観を持っているのか？ って……。今まで自分が持っていなかった価値観に出逢ったというか、発見したっていうか、それが大きかったね」と考えが変わるようになるのである。このビリー・ホリデーの一枚が、アメリカのジャズ歌手との衝撃的な出会いであったことは間違いないであろう。

この一枚を機に、西岡の興味の対象は世間一般で流行っているものから少し違う方向に眼が行くようになるのである。要するに流行の音楽の中からは、お座なりのものしか見えて来ないのではなかろうかと首をひねるのである。西岡はこう振り返る。

――世間一般で流行っているものが、なんていうのかな。気の抜けたサイダーっていうか、まあとにかく、気が抜けちゃっている感じに見えてくるんだよね。取りようによっては中学生らしくない、どちらかと言えばませた音楽観は、共感してくれる仲間を持つこともなかった。

――今だったらそんなことは不自然かもしれない。必ずそうした音楽を共有出来る仲間がひとりやふたりいていいはずなんですが、まったく側にはいなかったね。そんなことを考えたりとか、そんなことを語ろうなんていうヤツはいないんだよ、周りに……。だから孤立して、自分だけの音楽に没頭していたっていうのかな。

西岡の音楽観は独自の方向へ向かって行ったと言えるだろうし、それを声に出すと、いささか他から逸脱した子供のように思えがちだが、そうではない。別にひねくれていたわけでもなんでもなく、それが感性なのである。また、その考え方は本人の中では自然だったという言い方もできるであろう。

——ラジオという媒体の中で、東京の評論家的な人が解説したり案内したりはしているけれども……東京だって少なかったんじゃないの、ちゃんと音楽を語れる人って？ 大阪なんか皆無の時代だったから、自分の感性で音楽を感じ取るしかなかったんだって、そんなようなものがあったのかもしれないね。

中学生当時、西岡はすでに自分でレコードプレーヤーを工作していたという。親にそんなものを買ってくれと頼んでも、首を簡単に縦に振るはずがない。真空管のラジオ程度のアンプで、馬蹄形のスピーカーが入った大きなボックスを自分で組み、モノラルで買って来たレコードを聴いた。当時は、鉱石ラジオのキットとかゲルマニウムラジオのキットのようなものが専門店で売られていた。西岡はキットを買うと高いからと、電機街の日本橋まで自転車を飛ばし、そのキットと同じようなものを個別にチョイスしてきて、ハンダゴテでもって工作をしたという。

——シャーシーなんか自分で穴空けて、ボコボコってこう、当時みんなそうだよ、穴空いたシャーシーなんて売ってないから、自分で空けるんだよ、それもアルミじゃなくて鉄だよ。リーマー（金属板にドリルなどで空けられた穴を拡大したり、形状を整えたりする工具）というのがあって、挟んでギューってやってポコってこんな。

と身振りを交えて解説してくれるのだが、いかんせん興味のないわたしにとってはなんのことやらさっぱり要領を得なかった。

子供の頃からマニュアル本などが苦手で、それを見ないで工作を始めるのが常であったと語るのだが、さすがにマニュアル本をまったく参考にしないわけにもいかず、ラジオの工作をテーマにした雑誌などを教則本や教科書代わりにした。また、放課後、ラジオ工作クラブで簡単なことを先生から教えてもらったりもしていた。しかし当然のごとく、その作るもののほとんどが失敗作であった。たまたまオーディオ装置は成功をして、上手い具合に音がちゃんと鳴った。その、音が鳴った時の喜びはなかったと西岡は語る。

しかしいくら自作とはいえども、到底材料費など子供の小遣いではまかなえるはずもない。しかしそこは父親が工務店であることの強みがあった。幼い頃から工場が遊び場だったようなところもあり、職人さんの大工仕事は日頃から眼にしている。門前の小僧習わぬなんとやらではないが、工場の中に落ちている適当な木を使い、職人の使うノコギリや金槌などを拝借して、スピーカーボックスを作ったりもしてみた。

その当時、高級なステレオセットなどはまだ数も少なく、庶民には高嶺の花であった。生活に最低限必要なもの以外を買うことは贅沢の極みであり、娯楽品に金を出す余裕はまだなかった時代である。電化製品はいち早く手に入れた西岡家ではあったが、完全な娯楽品である高級なステレオセットを手にするまでにはいたっておらず、そうした贅沢はまだ叶わぬ時代であった。

そんな高級なステレオセットなどとはとても比べられる代物ではないが、自分自身だけのプレーヤーは手に入ったのである。それがそれ以前には、立体的な音を出すステレオ機能を持たない、つまりエレクトロニクス時代以前の簡易なレコードプレーヤーで電蓄機（電気蓄音機）などと呼ばれており、こちらは値段も安いということもあって、需要は増えつつあった。

——プレーヤーの箱はそうやって全部自分で作って、日本橋のジャンク屋のようなところで中古品の真空管は見つけて来て、プレーヤーの部分だけは新品のものを買って来てポンと入れたら鳴るじゃない。

西岡はいとも簡単に言ってのけるが、やはり好きでなければ、その歳でレコードプレーヤーなどは出来ようはずもない。そしてその頃から育んだ、興味のあるものは作ってしまえという工作好きや機械いじり好きは、後年にいたるまで続くことになるのである。

そうした息子の姿を見て、父親は顔をほころばせたらしい。

——息子がなんかスピーカーボックス作りやがった、みたいな感じでさ。友達が本箱かなんか作ってくれと、頼みに来るわけよ。そこらにある木を持ってきて適当に切って、金槌でカンカンカンカンってね。そうやったら本箱なんかが簡単に出来るじゃん。

そう回想するが、建築現場などへ行き場所が決まっていて、すでに寸法をちゃんと測った柱など、切ってはいけない建材なども素知らぬ顔で切ってしまったこともあったと苦笑する。

曲がりなりにもレコードプレーヤーを自作していた西岡は、その自作のプレーヤーで聴く音は申し分なかったと語るが、これは自作であるという満足感がそう思わせたに違いないと思うのだが……。しかし、金がかからない分、レコードに費やす金を浮かせることが出来たのは間違いないだろう。

そんな西岡が中学一年生の時、初めてギターに触る機会が訪れる。

同級生の家に遊びに行くと、窓際に立てかけてある汚い古いギターが眼に入った。それまで楽器といえば音楽室で見かけるオルガンやピアノ、そしてハーモニカぐらいのものであった。西岡はギターなるものを見たことがないわけではなかったが、しかし間近に見るのは初めてであり、勿論手にしたことは一度もなかった。

その初めて見るギターはやけに格好よく見え、その友人に「弾けるのか?」と訊いたところ、彼はちょっと待てと言いながらギターを抱えると、『湯の町エレジー』だかのイントロを爪弾き始めた。それまでギターなる楽器に縁がなかった西岡はその爪弾きを見て、なかなかにたいしたものじゃないかと感心をさせられるのである。それと共に興味がムクムクと頭をもたげた。弾かせてくれと頼むと、友人は簡単にいいよと返事をしてギターを西岡に手渡した。しかし一度もギターを触ったこともない西岡にとって、一体どうすればいいのか見当もつかない。

指で弦を触ると音が鳴った。

「おおっ、これがギターか！」

どうやるのか、ちゃんと教えてくれと頼むと、こうやって音を出すんだよと、手を取りながら教えてくれた。

しばらく弾いていると、なんとなく音が出るようになり、なるほどギターなるものはこうしたものかと納得をしたが、そのギターがどうにも凄い代物だったらしい。

「そのギターの弦は見事に錆びていて、一弦や二弦は錆のかたまりのような状態で、指をスライドさせようにも錆で指が上手く動かないし、五、六弦なども、ポテッポテッというだけで、低音弦の役目を果たしていなかったんだよ」と語る。

初めてギターを触った人間がそう思ったのだから、余程の代物だったに違いない。まあ、当時の安物のギターなら然もありなんと納得はさせられるのだが。

また西岡はその時のギターのことを「鉄弦のちゃんとアコースティックなんだけど

も、なんか小っちゃいんだよ。胸の高い位置で弾くような、流行歌謡の、いわゆる演歌の流しのおじさんが持っているようなギターだったな。それでもまあ、そんなものかと思っていたっけ」と振り返るが、今の標準のギターのサイズより薄く、ボリュームのある音が出ないギターだったらしい。

しかし、どうにか鳴るには鳴った。西岡はしばらく友人の家へ通って、ギターを触らせてもらったり、借りてきて弾いたりしている内に音階を覚え、簡単な曲を弾くことぐらいは出来るようになるのである。

西岡は自著『満員の木』の中で《ボクは友人から借りたボロ・ギターでわからないままにアドリブを弾き続けました。アドリブといっても例によってまったくデタラメなのです。しかしこの気持ちとその心が今のボクの中にちゃんと残っているし、こうして思い出すだけでも燃えるような思いなのです。ボクには理論も楽譜も必要ではなかった》と書いている。そこに「ギターを始める方に」という一文があるので記しておく。

〇ギターを始める方に

一、好きなように持ちましょう

一、調弦は好きな音で合わせましょう
一、和音は気にせず好きな音を作りましょう
一、練習は気に入った曲から始めましょう

そのとおり、これからギターを弾く人にはこの方法が一番手っ取り早い（多少乱暴だが）。まあ、確かにこの方法でもってギターを弾けるようにはなれるだろうが、決して上手くはなれない。初出の単行本の時にはこう書いてあるのだが、なぜ頭のところで「そのとおり」などと書いたのかまるで解せない。どうにもシャレで言っているとしか思えないが、ハッキリ言わせていただければ、これでギターは決して弾けるようにはなりませんね。

西岡がギターを触っている頃。三男である兄がどこからかウクレレを買ってきた。そのウクレレを弾いてみたかったのだが、兄は触らせてもくれない。それどころか西岡が興味を持って見ていると、「ダメだ」とばかりに隠してしまうようなあり様であった。

その兄も最初の内は熱心に弾いていたようだが――とにかく弾くところも見せない

のだ――やがて飽きてしまったのか、ある日その大切なはずのウクレレが部屋の隅に放り出してあるのを眼にしたのである。兄貴がウクレレを買ってからどのぐらいたっていただろうか、とにもかくにも、その大事なウクレレが眼の前に鎮座しているのである。断りもなしに触ると怒られるかもしれない、しばらくそれを斜めに見ていると、兄貴が現れた。兄貴をつかまえ、なるべく何気ない様子を装いながら、「触ってもいいか?」と訊いてみた。すると兄貴はまるで今までの興味はどこへやら、というような体でもって、「ああいいよ」と答える。しかも、「弾いても上手くいかなかったから要らない」と言うではないか。西岡は驚いて「えっ、要らないのか?」と訊くと、いとも簡単に「あげるよ」と答えが返ってきた。そこでウクレレと教則本が自分の手に入った。

最初は単音でポロポロ弾いていたのだが、教則本を見てコードなるものがあることを知る。教則本と首っぴきになって弾いている内に、どうにか簡単なコードぐらいは弾けるようになった。弦楽器に触ったことのある人間は分かるであろうが、基本である最初の3コードを覚えるのがやっかいなのであって、それを克服すればあとは時間と情熱の勝負である。

そうしてひとつ、またひとつとコードを覚えていくと、ウクレレというのはギターと違ってなんだが音が伸びないし、弦も四弦しかないのでその内面白くなくなってきてしまった。西岡は「ウクレレ好きな人には悪いけど」と前置きして、「ウクレレのコードって美しくないんだよね。ポロポロいっているだけで、だいたいサステイン（音の発生を開始した後に聞こえる余韻）がないんだよね」と言う。

それならいっそのこと、バンジョーをやってみようと思い立つが、バンジョーも今のように簡単に買える時代ではなかったし、第一バンジョーを売っているのをどこかで見たこともない。ならば自作するしかないと、なんと、ウクレレをバンジョーに改造することを思い立ったのである。なぜバンジョーだったのかと言うと、理由は単純である。本で見たバンジョーには弦が五本あり、四弦のウクレレより六弦のギターに近いと思ったから、それだけである。

ここでも工作好きがムクムクと頭を持ち上げた。しかし簡単に思い立ったのはいいのだが、バンジョーを写真で見たことがあるにしても、バンジョー自体がよく分かっていなかった。それでも、どうにかなるだろうと思ったのである。

ウクレレのネックを胴から外し、缶のようなものを付ければいいというような噂をどこからか聞いて、そのとおり飴玉の缶を付けてみた。缶の中に一本木を通して、ウクレレのネックを取り付けたのである。基盤に引っかけるものを作って、小さな5ストリングスバンジョーが出来あがった。今、胴が空き缶で出来たカンカラ三線《さんしん》なる楽器があるが、おそらくそのようなものだったのであろう。しかし弦をまともに張るとネックが張力でもって曲がってしまうので、弦の張りは見事にゆるい状態であった。そのバンジョーもどきで、バンジョーの練習はしたが、それが果たして正しいバンジョーの弾き方かどうかは分からなかった。

そんなことをしている内に、なんとなく今までとは違った形で音楽に興味が出てきたのである。

しかしこの楽器を自作するという行為は何も西岡さんに限ったことではない。実はこのわたしもバンジョーを作ったことがある。

胴にわさび漬けのタルを用い、そこにタンバリンの革を張った。そこまではよかったのだが、ネックの部分は銭湯からもらってきた廃材を使ったのである。それが厚さわずか一センチ強の薄い板であった。そんな薄い板が弦の張力に勝てるはずもないのだが、それをどうにかネックの形に切って成形すると、買ってきたペグ（糸巻き。これがやたらに高かった）を取り付けてみた。それでどうにか格好がついた。本当のところはわさび漬けのタルにタンバリンの革、変な形のネックと、相当格好が悪かったのだが、それを格好いいと納得するのが自らの手でバンジョーを作ったという自己満足というやつである。

そこで弦を張ってみた。ペグを回し続けるとネックはそれに合わせてギュッギュッと曲がり始めるではないか。より回し続けると、見る見る内にネックが反りだし、やがてビルマの竪琴よろしく見事に反り返って奇妙な民族楽器になってしまった。それで一巻の終わり。

小室等さんの場合は、キングストン・トリオのコピーにはバンジョーが必要だと踏んだ。そこでタンバリンにギターのネックをつけようと考え（みんな同じようなことを考えますな）、銀座の楽器屋でタンバリンを購入した。しかしその帰り道、バンジョー・ウクレレなるものをデパートの楽器売り場で眼にするのである。まあ、本物のバンジョーとは言えないまでも、これならバンジョーの音に近いものが出るだろうとばかりにそれを購入して、タンバリンは返却してしまった（なんで小室さん、バンジョー作らないかね）。それにしても小室さんのいたバンド（PPMフォロワーズ）で、そのバンジョー・ウクレレがどんな役目を果たしたのか見てみたかった。

高田渡ちゃんは、ディランのようなハーモニカ・フォルダーをどうしても手に入れたかったのだが、そんなものを売っているのを見たこともない。今のようにインターネットの時代であれば、検索してアメリカに注文ということになるのだろうが、努々《ゆめゆめ》そんなものがあろうはずがない。そこで鍛冶屋におもむき、「こうこう、こういうものだ」と説明して作ってもらった。作ってもらったのはいいのだが、出来あがったそれは鉄枷《てつかせ》のようなもので、その重さに首がたえられなかったと言う。

また渡ちゃんはフラット・マンドリンが欲しいと、ウクレレをマンドリンのように複弦の八本にしてみた。こちらも完成したのはいいのだが、やはり弦の張力で胴が割れてしまったと言う。だがマウンテン・ミュージックに惚れた彼はマンドリンを自分の音楽にどうしても取り入れてみたかったのだろう。渡ちゃん、初期の頃はフラット・マンドリン代わりに、背中が丸くなっている、イタリアのボール・バック型の普通のマンドリンを使っていた。しかし後に西岡さんが使っていたフラット・マンドリンを頂戴するのである。七〇年のフォーク・ジャンボリーのとき、加川良のバックで弾いていたのがそのマンドリンである。

村上律ちゃんはドブロ・ギターを作ろうと、振動を増幅させる共鳴板である金属製のリゾネーターの代わりに鍋のフタを取りつけてみた。これは実際眼にしたことがあるが、それらしい音が出ていたことに驚かされた……奇妙だったけど。

西岡さんの飴缶・バンジョーと小室さんのバンジョー・ウクレレ。律ちゃんの鍋ブタ・ドブロに、渡ちゃんの拷問ハーモニカ・フォルダー、そしてわたしの民族楽器で合奏をやってみたかったなぁ。どうだ、最強のバンドだぞ！

とまあ、楽器そのものがまだ国内にはなくて、しかも高価な時代、みんなすったもんだ創意工夫して、憧れの楽器を手に入れたかった時代だったのである。

やがて高校へと進んだ西岡だが、まだそうした音楽を自分と共有出来る仲間はいなかった。入学した高校は大学を併設していて――というよりもまず大学があって、そこに初めて出来た高等部であった。

――そこはもう勉強しないヤツでも入れたっていうか、初めて開設された高校でしたから先輩のいない一期生でしたよ。

まるで音楽に凝っているヤツというのがいなくって、たとえ音楽好きでもＮＨＫから流れて来る音楽の情報だけしか持ち合わせていないようなね。あまりに一般常識的で、そこから突出しているヤツもいなかったけど、また凹んでいるヤツとかもいないんだよね。だから音楽のことになると、まるで話が合わないんだよ。

高校二年の頃の西岡は友人に誘われるままに学校をさぼり、千日前の繁華街で生演奏をやっているジャズ喫茶を発見して入り浸るようになる。またその店ではジャズのトリオをバックに歌える曜日があるということを知るのである。

何回か通っている内に、トリオのオジさんのひとりが「どうだ、歌ってみるか」と声をかけてきた。それをいいことに「そうですか」と、バンドをバックに映画『慕情』のテーマ・ソングである『Love is a many splendored thing』を歌った。これが西岡にとっては、初めて人前で歌わせてもらった経験である。しかし、よほどその唄がひどかったのか、しばらくバンドの人から声をかけてくることはなかった。やがて時間が経過するとともに関係は打ち解けていき、機会があるごとに歌わせてもらえるようになっていったのである。

しばらくすると、トリオでピアノを弾いていたオジさんから、ミナミの『ナンバー一番』という店を紹介される。こちらはどちらかというと、若い連中のたまり場のような店であった。

その店で夏休みに、和製ロックバンドのバンドボーイ見習いのアルバイトをさせてもらった。初めて体験する音楽バンドの世界は、西岡の眼にとっても刺激的であったし、いろいろ勉強もさせてもらった。中でも西岡を驚かせたのは、カウントなしで一斉にハーモニーが出来るグループがいたということである。その影響かどうかは知らないが、五つの赤い風船も最初の頃は『恋は風に乗って』など、カウントひとつで「♪　ラララ　ラーラー」とハーモニーに入っているのである。まずこれには、繰り返しの練習が必要となるであろうし、相手の呼吸を読めないと難しい作業である。

さて、この『ナンバー一番』だが、後にオックスやタイガースなど、多くのグループ・サウンズ（GS）を輩出する有名な店となるのである。

やはり、これも高校二年の夏休みのことであるが、人伝てに、近場に歌謡学校のようなものがあると聞いた。なんとなくミルト・ジャクソンのような音楽をやりたいとは思ってはいたものの、音楽の基礎をまったく知らないので、そこに通って音楽を初歩から習ってみたいと思ったのである。

なぜ歌謡学校だったかと言うと、どこで学べばいいか分からないし、他にまったく伝手もあてもなかったからに過ぎない。音楽と言えばそういう音楽学校、歌謡学校のようなところへ行けばいいんだと、漠然と解釈をしただけなのである。

しかし入学金がいると聞いたので親に嘆願した。渋ると思った母親は「まったく、学校さぼって唄ばかりやっているんだから」と言いつつも、そんなに唄が好きであるのなら、そうした学校へ行くのもいいだろうと思ったのか、いとも簡単に入学金を出してくれた。そこにはたぶんに「音楽なら、別に悪いことでもないし」そんな気軽な気持ちもあったのであろう。

——とにかく親は、この子は勉強が出来ないって知っていましたから。この期に及んで音楽をやりたいと言い出したのには驚いたとは思いますがね。学校をさぼって遊んでいたのも知っていましたから、まあ、本当のところは、グレないでいいだろうっていうような気持ちだったと思いますよ。で、あとで知るんですけどね、母が若い頃三味線やっていたらしいんですよ。後に母から三味線借りて、ラジオの録音か何かでスティール弦張って壊していますけどね。『ボクの右手の二本の指』なんかに三味線入っていますけど、あれは母の三味線ですよ。壊しちゃって、怒られましたけどね（笑）。だから、自分の遺伝子だろうって思っていたのかもしれませんよ。

しかしどうにもひとりでは心もとない。そこで友人を誘い、意気揚々と歌謡学校の門をくぐったのである。

先に「歌謡学校のようなもの」と書いたが、「のような」と断わったのは、実際歌謡学校と呼んでいいのかどうかも分からず、一体どんなことを教えてくれるのかさえも皆目見当がつかなかったからである。

まずは対応した係の人に、どういうことを教えてもらえるのかその内容を聞いてみた。そこでコールユーブンゲン（ドイツの音楽家フランツ・ヴュルナー、一八七六年に刊行した『ミュンヘン音楽学校の合唱曲練習書』のこと）がどうのこうのと聞かされるのだが、コールユーブンゲンなる言葉も初めて耳にするし、それが一体何者なのかさえもまるでチンプンカンプンであった。さっぱり見当もつかないまま「何を言っているんだろう？　多分、♪アーアーアア、ア〜とか発声練習するんだろうな」と勝手な解釈で話を聞いてはいたが、その説明に対してまったく食指が動かされることはなかった。

西岡は中学時代、音楽の授業での楽しい思い出はまるでない。とにかく音楽の授業で教わる堅苦しい話や、和声などにはまったくもって興味がわかず、嫌いになることはあっても、まず好きになることはなかった。習う唄にしても楽しくないし、好きな唄を歌わせてくれたらどんなにかいいだろうかと常日頃から考えていたのだが、学校での授業に興味を魅かれるものはまずひとつもなかったと言ってもいい。

いや、まったくなかったわけではない。それまで習っていた音楽教師が病気か何かの都合でしばらく休職をすることになった。その代理で来た教育実習生だったのか若い教師が、授業の終わりに黒板に譜と詞を書いて、「今日は僕の好きなこの唄をみんなに教えよう。好きな人だけ覚えて帰りなさい」そう説明すると、ピアノを弾きながらそれを歌ったのである。西岡は、その素晴らしいテノールに魅せられてしまった。これは何も西岡に限ったことではなく、クラスの全員が同じ気持ちでそれを聴いていたのだ。

その唄を家で口ずさんでいると、当時大学生だった兄から「なんちゅう唄を歌っとるか」と怒られ「今日学校で習ったんや」と答えると、「そんな唄学校で教えるはずはないやろ、もっと子供らしい唄を歌わんかい」と言われ、意気消沈させられた。

その唄は「愛」や「君を愛す」などと、あまり子供には似つかわしくない言葉が散りばめられたラブソングであった。

西岡はその時初めて唄らしい唄を聴いたと語っている。教科書には載っていない、こうした素晴らしい唄を習うことが出来たら音楽の授業が好きになれるのにと思ったのである。とにかく歌謡曲のようなお座なりの失恋ソングではなく、実に美しいラブソングだったと記憶している。それほど素晴らしかったというその唄なのだが、残念ながら西岡はその唄のタイトルがなんだったのか失念している（これがなんの曲だったのか、実に知りたい）。

この歌謡学校で、もしそうした唄を習うことが出来れば……。そんな期待も少しは胸の中にあったのかもしれない。

しかし、説明を聞けば聞くほど、なんとなく違うのではないかと思い始めたのである。これ以上説明を聞いても食指が動くことはないだろうと、一緒に行った友達に「これ面白くなさそう。だから俺やめるわ」と声をかけて歌謡学校をあとにした。

その建物を背中にして、ポケットの中に手を突っ込むと、そこには母からもらった入学金があった。しばらくどうしようかとそれを手にとって眺めていたのだが、「そうだ！」とばかりに、そのままその足で心斎橋のデパートへ向かった。目指すは楽器売り場である。やはり楽器は楽器屋が一番なのだろうが、楽器に馴染みのない西岡は楽器屋がどこにあるのか知らなかった。しかし、デパートで確かギターを眼にしたことがあったのを覚えていたのである。

楽器売り場では、眼の前に数本のギターがぶら下がっていた。どれを選ぼうか？　そこには黒光りをしたピックガード付きのギターが展示されていた。ピカピカの黒光り、もうそれだけで十分だった。西岡はちょっと触っただけで、その木曾鈴木のピック・ギターを入学金で買ってしまったのである。

木曾鈴木のギターとは、鈴木バイオリン産業株式会社が昭和二十四年から製造したギターのことである。国産のフォーク・ギターが登場するのはまだ先のことであり、当時はクラシック・ギターとピック・ギターが主流であった。

国産のフォーク・ギターが登場するのはもう少し後の一九六六年十月のことであり、第一号機はヤマハFGシリーズのFG―150とFG―180との二機種で、一万五千円と一万八千円であった。フォーク・タイプとウエスタン・タイプのボディであったが、まだフォーク・ギターと呼ばれる名称は一般的ではなく、西岡がピック・ギターを買った頃は、フォーク・ギターをウエスタン・ギターと呼ぶのが一般的であった。ウエスタン・ギターではホダカが、一万三千円でやはり同年に発売している。ちなみにヤマハFG―150の試作モデルはCCR（クリーデンス・クリアウォーター・リバイバル）のジョン・フォガティーが使っていたが、今も本人の手元にあるのだろうか？　かなり鳴るギターであった。

家に帰り、ピカピカの黒光りギターを母親に見せると彼女は驚いた。しかし、嬉しそうにギターを抱いているたかしの姿を見て、苦笑しながらも諦め顔で「なんかすごいもの買ってきたなぁ」と叱りもしなかった。

そこからギター生活が始まるのである。最初はチューニング方法も分からなかったもので、しばらくは買ってきた時のままのチューニングで弾いていたが、時間と共に狂い始めて、チューニングに調子笛を使うことを覚えた。ギターが性に合ったのだろう。毎日、とにかく我流だが熱中して弾いている内に、短期間で様になるようになってきたのである。コードブックとにらめっこをして、ギターコードなどもマスターした。

――時間があって暇だから、必死に押さえられるようになろうと練習をしましたよ。あと普段でも指動かしたりとかさ、初めの頃はちゃんと動かないじゃない。だから学校行っても指動かしたりとかさ、そのうち動くようになっていくんだよね。

まあ練習と呼んでいいのか、とにかくギターを触っていることが楽しくて仕方なかったのである。西岡は寝食を忘れて一日十時間ぐらいはギターに没頭し、親をあきれさせるのである。

やがてレコードから音をコピーするようになるのだが、テープレコーダーなどはまだ持っておらず、レコードを何回も聴いてその音を採っていったのである。

友達の家にあったレコーダーを眺めている内に、やはりリピートして曲を聴くにはテープレコーダーの存在が必要だと思うようになり、お年玉と小遣いを合わせてオープンリールのポータブル・テープレコーダーを買った。学生でも買えるような値段のテープレコーダーがやっとソニーから発売された頃である。ソニーのテープレコーダーが完成したのは一九五〇年のことであり、第一号機はやたらに大きく、当然高価であった。やがて時代と共に小型化が進み、家庭用テープレコーダーが開発されるとともに、テープレコーダーは人々の生活に多くの影響を与えるようになるのである。

西岡はひとりでギターと向かい合いながら、ミルト・ジャクソンのヴィブラフォンの音や、ジョン・コルトレーンのトランペット、セロニアス・モンクのピアノをギターでコピーしようと躍起になっていた。なんとなく感じはつかめてきていたものの、そうは言ってもまだ初歩段階のギターである、見事なコピーなど出来ようはずもなかった。どうあがいても手に出来ないその音にいら立ちを覚えていた。「もっと自由に思うままに音を出してみたい」と何も分からないままにそう思っていたのである。

高校と併設されている大学には軽音学クラブがあり、放課後なんの気なしに覗いた部室にはウッドベースなどを弾いている学生の姿があった。それから興味を持つようになって、何回か「どの程度の腕があるのか」と思って見に行ったことがあった。そう語る西岡がどのぐらいの腕を持っていたのかは知るところではないが、西岡は「大学の軽音学クラブには、まともに弾ける人間はほとんどいなかった」と回想する。

でも、面白いからと何回か覗いている内に、クラブの部長と顔見知りになり、その部長からこともあろうに、「ギターを教えてやってくれ」と頼まれたのである。高校生の西岡に対して、部長も半分面白がってというところも多分にあったのだろうが、西岡は「自分でいいのだろうか？」そんな気持ちを抱いたまま――優越感のようなものも少しはあったが――休み時間や放課後、ギターの握り方も分からない初心者である大学一年生あたりに弾き方を教えていた。

西岡は「自分は高校生で、相手は大学一年生だったけど、部長の指示だから相手も文句が言えなかったんじゃないのかな？」と語るが、当然西岡の方も立場上教える相手が先輩なので、「そんなに偉そうには言えなかったのではなかろうか」と振り返る。

それがきっかけになったのではなかろうかと、これは推測の域を出ないのであるが、西岡は音楽をやる人間が集っているところに顔を出すのが楽しくて仕方なくなるのである。

――やっぱり好きになっちゃうっていうか。楽器のニオイがするところに行っちゃうんですよ。吹奏楽部なんかは、あんま興味なかったから行かなかったけど、弦楽器は好きでしたね。

だが今と違って、楽器をたしなむ人間の絶対数はまだ少なかった。絶対数が少なかったからなのかどうかは分からないが、西岡の周りには卓越した楽器の腕を持っているアマチュアはまずいなかったらしい。バンドブームなど先のことで、切磋琢磨する人間たちがまだいなかったからなのであろうか。

その頃と前後しての話になるが、友人にカントリー・ミュージックが好きな人間がいたのである。その友人の家に遊びに行ったとき、彼がテープレコーダーでハンク・ウィリアムスの唄を聴かせてくれたのである。西岡は「こんな唄があったのかと」その音に少なからずショックを覚え、しばし呆然とその唄に聴き入ってしまった。

ハンク・ウィリアムス（一九二三年九月十七日～一九五三年一月一日）はカントリー・ソングを確立する上での重要な人物のひとりであり、二十九年の短い生涯において、ビルボードのカントリー&ウェスタン・チャートで一位になった十一枚のレコードを含め、トップ10入りしたシングル盤はなんと三十五枚にも上る。カントリー音楽に多大な足跡を残し、内外問わずその影響を多くのミュージシャンに与えた偉大な人物である。余談だが、高石友也（現・ともや）も中学三年の時、ハンク・ウィリアムスを聴いて兄が買ったスチール・ギターで練習を始めている。

西岡はハンク・ウィリアムスを聴いてからというもの、アメリカン・フォークをひたすら聴くようになっていった。いずれそれはブルーグラスに移行し、オールド・タイミー（オールド・マウンテン・ミュージック）までさかのぼっていくようになるのである。西岡はその頃聴いていたミュージシャンの名前を自著の中であげているのでそれを羅列しておく。

オリジナル・カーター・ファミリー、ロコス・ホルコン、ドグ・ボックス、アンクル・デイブ・メイコン、サム＆カーク・マギー、スコットデイル・ストリング・バンド、ギド・ターナー、モンロー・ブラザース、チャーリー・モンロー、チャーリー・プール＆ノース・キャロライナ・ランブラーズ、ドン・リノ、フォギー・マウンテン・ボーイズ、ビル・クリフトン、オズボーン・ブラザーズ、J・E・メイナーズ、ロンサム・パイン・フィドラーズ、ブルー・スカイ・ボーイズ、ジミー・ロジャーズ、ポーター・ワゴナー、ロイ・エイカフ、グレン・キャンベル＆グリンリバー・ボーイズ、クラレンス・トム・アシュレー、ドグ・ワトソン。
「名前をあげると切りがないくらいC&Wならなんでも聴きこんでしまったのです」

と西岡は語るが、実はわたしもこの手の音楽は聴きこんでいる方だと自負している。しかし羅列した中に三人ほど知らない人物がいるのである。

まあなんにしても、アメリカン・フォークはジャズとは違い小難しい音の動きなどもなく、スコアなどもいらないし、下手をすれば三つのコードで事足りてしまう。なんとなく自由な音楽を手にしたと感じたのである。

関西のラジオ番組で深夜にアメリカの古謡などの音楽を放送する局が一局だけあった。当然西岡は、FEN（FAR・EAST・NETWORK／極東放送網。米軍が駐留する地に設けられた放送局）なども聴いていたが、その三十分のローカル局の番組の方がお気に入りであった。

ブルーグラスなどを中心に選曲する番組であったが、アナウンサーのしゃべりにも魅力があったと語る。様々なレコードを流してくれるそこには西岡の知らない世界があり、ラジオから流れてくる音楽をテープに録るなどしていた。そして、気に入るとその曲をギターで弾き、演奏の形態などを吸収していったのである。

そこで聴いた音楽は飾らない、ありのままの唱法や演奏形態であり、まさに生活の音楽であった。新旧問わず、とにかくカントリー、ブルーグラス、オールド・タイミーを聴き漁り、これが後年役に立つことになるのである。

——これは面白そうだと……曲がりなりにもバンジョーなども作ったりしていたから、自分の中でそれがつながってきたんですよね。そうした未知の音楽を聴いていると、ああマンドリンでもイタリアのとは違う、後ろが平らなのがあって……それがフラット・マンドリンなんだっていうのを知ったりしてね。スリー・フィンガーという弾き方はこうなんだとか、常に発見があったわけなんですよ。そうしたアメリカの古い曲にも、モダン・ジャズのようなものもあるんだみたいな発見もあってね。もうただ楽しくて、ワクワクしていましたよ。

西岡の楽器好きはこの頃にはもうかなり進んでいたと思ってもらっていいだろう。ラジオから知らない楽器の音が聴こえると、とにかくそうした楽器に触ってみたくて仕方がなかったと当時を振り返るのである。

これは高校を卒業して浪人中の話になるが、さらにそうしたアメリカ音楽に惹かれ、大学の音楽サークルや、大阪・神戸アメリカ民謡研究会という同好会にも顔を出すようになる。

大阪・神戸アメリカ民謡研究会は、アマチュアのアメリカ音楽愛好団体で、大学でブルーグラスのバンドを組んでいる人間や、実際にステージを踏んでいる人たちも参加していた。その中には桃山学院の学生であった田淵章二（ショージ・タブチ）の姿もあった。

後年ショージ・タブチは、アメリカ・テネシー州ナッシュビルのグランド・オール・オープリーにて、ロイ・エイカフとの共演で絶賛を浴び、現在はミズーリ州ブランソンでショージ・タブチ・シアターという個人劇場を持ち、フィドラーとして活躍をしている。連日全米各地からやって来た大型ツアーバスが列をなし、ニューヨーク、ブロードウェイの劇場の観客動員数をはるかに上回っている。

その田淵たちがよく現れていたのが、神戸の元町にある民家であった。普通の仕舞《しもた》屋《や》であり、そこはメンバーのひとりである台湾人の郭なる人物の自宅であった。後に多くのブルーグラス・ファンが集まるようになり、それならばブルーグラス専門のライブハウスにしてしまえと、『ロストシティ』という店になるのである。その『ロストシティ』の前身である民家には、楽器に関しては確かな技術を持った人たちが顔をそろえ、唄にしても卓越した歌唱力のある素人たちが足繁く通っていた。西岡もそこで練習をしている内に、技術を吸収して徐々に腕を磨いていったのである。

西岡はその中でクラレンス・トム・アシュレーやドク・ワトソンなどのオールド・タイミーのコピーを好んでやっていたのだが、やがてバンジョーのフレイリング（バンジョー奏法のひとつ）をやってみたいと思うようになるのである。そのためにはどうしても五弦バンジョーが必要であった。しかしギブソン社などの高級なバンジョーはあるものの、とてもではないが手が届く値段ではなかった。安価な日本製のナルダン（一万二千円）やピアレス（一万円）のバンジョーも、まだ発売されていなかったのではなかろうか？　再び自分でバンジョーを作ろうと考えた。もっとも今度はウクレレを改造したおもちゃのようなものではなく、本格的に作ろうと考えたのである。

まずネック作りから始め、ギターの修理屋へ出かけ「今バンジョー作っているんですけど……で、ネックはどうにか完成したんですけど、自分でフレット打ちたいからフレットが欲しいのですが」と訊いたところ、楽器屋のオヤジさんは煙たがる様子もなく、素人にフレット打ちは難しいと言いながらもノウハウを親切に教えてくれた。

マスタートン（ギブソン）の古いバンジョーの写真を参考に、ヘッドの模様を真似して同じ形のヘッドにした。近所の溶接屋でリムの部分を作ってもらい、革は楽器屋で犬革を調達して、構造的には本物とまるで同じバンジョーが出来上がった。また、チューナー奏法のためのチューニング・ペグまで自作したと言う。

素人仕事のバンジョー制作であるからにして、とてもまともな音が出たとは思えないが、西岡は音の方も本物だったと自負してやまない。実際、その自作のバンジョーで長い間演奏をしていた。しかもそのバンジョーのネックは未だに捨てられず西岡の手元にあるというから驚きである。

カントリーやブルーグラスに興味を持ってひとつの楽器をやると、その楽器に固執するようになるのが常である。学校などのサークルでも同様に、「お前はバンジョーだけやっとけ」などと先輩から命じられ、他の楽器を持つことは許されない、そんな事例がままあることはご存じであろう。まあ、それが功を奏して、知らず知らずの内にその楽器のオーソリティになっていくことも珍しいことではない。ところが西岡は一つの楽器に固執するということには馴染めず、いろんな楽器に興味が移っていくのである。

――楽器を弾けるとは言っても当時はアマチュアだし、音楽というのにもほど遠いし、一つ弦楽器が弾ければ所詮同じ弦楽器ならば弾けるんじゃないかなと思っていろいろトライするわけですよ。まあ弾けるとは言っても、上手くならなくてはいけないというようなハードルもなかったからね。だから上手くなどというのは二の次で、弾いて鳴ったらもうそれは自分の楽器という感じだったね。ピアノでもボンと押さえて鳴ったら、鳴ったと感動するじゃない、それが美しいじゃない、ヴァイブ（ヴィブラフォン）でも、あ、鳴っているじゃないかと。ババババっと上手くいかなくても、パリーンと鳴れば自分の中で決まりなんだよね。

でも、ひとつひとつの楽器に対して、一応全部凝ってみてはいるんだよ、ある程度の域までは達しようとね。だから後のレコーディングなんかでも、おかしくないところまではちゃんと練習しているんですよ。で、いろんな上手い人の演奏のコピーなんかも、一応みんながやることはやっていましたけどね。

そう西岡は語るのだが、やはり楽器そのものに触るのが好きなのであろう。西岡はカントリーのニオイのする楽器だけでも、フィドルやマンドリン、バンジョー、マウスハープ（ハーモニカ）果てはオートハープまでこなすようになる。インタビューでも《まあ僕はほとんどの楽器弾きますけど、弾けるというよりは、僕のフィーリングで使うだけで、上手いとか下手とかいうのではないですね（『新譜ジャーナル』七一年十一月)》と語っている。

後にシングル盤『そんなに愛が欲しいのなら』やアルバム『満員の木』などで、ひとりでいろいろな楽器を演奏する多重録音に挑戦している。ちなみに『そんなに愛が欲しいのなら』では、16チャンネルを駆使し、ひとり十七役のレコーディングを試みている。

しかし西岡はカントリーやブルーグラスだけにこだわっていたわけではなく、ジャズなども並行してやっていた。

――ピック・ギター持ったらもう、ミルト・ジャクソンやっていますからね。コード進行とか、テンション・コードとかそういうの。カントリーの仲間たちとはアメリカ民謡なんかをやっていますが、自分の中ではジャズやっていたとかカントリーとか、そういう何々にこだわるということはなかったんですね。音楽をやっているって感じで、興味のあるというか、魅力的な音を出してくれるアーティストの音は真似をしたいなーという気持ちがあったんですよ。

西岡がカントリーの仲間たちと音楽を楽しんでいるその少し前、アメリカの音楽シーンでは、第二期フォーク・ブーム（リヴァイヴァル・ブーム）が訪れていた。

第一期は、サザン・マウンテン・ミュージックから発展した音楽が商業的に成功を見た時代。ジミー・ロジャースやカーター・ファミリー、それに続く一九四〇年代に活躍したウディ・ガスリーやオール・マナク・シンガーズ、それを継承した五〇年代前半に活躍したピート・シーガー在籍のウィーヴァーズの時代を呼ぶ。とくに第二期のリヴァイバル・ブームでは、ウィーヴァーズを目指したグループが頭角を現してきていた。

一九五八年、当時大学生であった三人組が、キングストン・トリオなるバンドを結成して、『トム・ドゥーリー』を世界的にヒットさせる。この時の演奏スタイルがそのまま、フォーク・グループのスタイルとして定着していくのである。

五九年には第一回『ニューポート・フォーク・フェスティバル』が開かれ、徐々にフォーク・ソングがヒット・チャートの上位にのぼるようになってきていた。

間もなくした一九六〇年、やはり当時ワシントン大学のグリー・クラブの仲間で、洗練させたコーラスを持つグループが登場する。それがブラザース・フォアであり、このふたつのグループがフォーク・ブームの先鞭をつけ、埋もれていたフォークを都会的センスでもって紹介する形となった。そして一大ブームの中、数多くのグループを生んでいくことになる。

また一九六一年には学生ではなく、レコード会社が端からプロ活動を目的とする、ピーター・ポール＆マリー（ＰＰＭ）というグループが、マネージャー、アルバート・グロスマンによって商業的に作り上げられる。

フォークの中心地ニューヨークのグリニッジ・ヴィレッジには全米各地からフォーク・シンガーを目指す若者たちが集まって来ており、レコード会社の眼にとまるべく街頭やコーヒーハウスで歌い、デビューのチャンスを狙っていた。

その後多くのフォーク・シンガーを輩出するにいたるわけだが、一九六二年三月にはグリニッジ・ヴィレッジのコーヒーハウスに出演していたボブ・ディランなる若者がファースト・アルバム『ボブ・ディラン』を発表する。しかしこのアルバムは不発に終わってしまう。

このディランのデビューはアメリカのフォークの存在意義をガラリと変え、多くのフォーク歌手は自身のアプローチを変更するにいたるのである。彼らの新たなアプローチとは、ウディ・ガスリーの反骨精神をともなった音楽を継承するディランの姿であり、それが若者たちに与えた影響は大きく、フォークだけにとどまらず、ロック歌手などにも及んでいった。それと同時に、ウディ・ガスリーまでが見直されるようになっていくのである。

貧困の中に育ったガスリーは常に弱い民衆側の立場に身を置いてさすらいながら、多くのプロテスト・ソング（社会抗議唄）やトピカル・ソング（時事唄）を作った。時に政治家、警官や牧師、地主や資本家の圧迫を啓発し、トラディショナル・フォークを母体に自由と平和と平等のために歌ったのである。

そのような反骨精神にあふれる唄に感銘を受けたのがピート・シーガーたちであり、その精神はガスリー・チルドレン（ガスリーの子供たち）と呼ばれるボブ・ディラン、ランブリング・ジャック・エリオット、トム・パクストン、フィル・オクス、レン・チャンドラーたちに引き継がれる形になるのである。そこには当時の社会問題になっていた人種差別、そしてベトナム戦争が大きくかかわっていたことは否めない。

またそうしたフォーク・ソングを紹介する商業主義的なグループの役割を持って、それを大きく担っていたのが、他ならぬＰＰＭだったのである。ボブ・ディランのファースト・アルバムが不発に終わったと書いたが、ＰＰＭのカヴァー曲で名声が高まり、後にヒットをするという皮肉な結果を生んだ。

一方、日本には数年遅れてそのブームが飛び火して、大学生の間でもってフォーク・ソングはもてはやされるようになってきていた。

六二年十一月には、日本最初のフォーク・コンサート『セアリーズ・ミーティング・ヒア・トゥナイト』が東京銀座のガスホールで行われる。

六三年頃から、東京の大学生あたりでフォークを演奏するバンドがちらほら現れ始めるようになるが、アメリカのフォークに触発されたフォークは、まだオリジナルを持たず、初期の頃はアメリカン・フォークのコピーに終始していた。

六四年になると、フーテナニーやジャンボリーなどという名前をつけたコンサートが多く開かれるようになってきていた。これはやはり六二年四月のブラザース・フォアの来日の影響が大であり、六三年十月ピート・シーガーの来日（集客は惨憺たるものであった）では、プロテスト・ソングが話題になり、またシング・アウトを眼にした一部の学生の間で、みんなで一緒に歌うという行為が流行り始め、これが後にフォークのコンサートの定番となっていくのである。

そうしたアメリカン・フォークを総称してモダン・フォークと呼んだ。しかしこれは和製英語であり、アメリカでは通じない言葉である。本国アメリカで伝承されてきた古謡（トラディショナル・フォーク）とは違う、新しく作られたフォークを、コンテンポラリー・フォークと称した。

コンテンポラリーとは元々ラテン語で、時代を共にするという意味をもつが、この場合は現代のフォークと呼ぶべきものなのかもしれない。また都会的なフォークという意味合いも含まれている。カントリー・ミュージックもフォークも共に古謡から発展してきたものであるが、カントリーは土着の人たちに愛され、フォークは都会に進出した音楽と思っていただければいいのだろうか。

フォークとは元来民謡のことを指すが、コンテンポラリー・フォークは新しい音楽ではあるが、イギリスのフォーク・バラッド、ブルース、サザン・マウンテン・ミュージック（南部山岳地帯の開拓者の中から発した音楽）、フィドル・チューン等々の影響を受けている。新作の唄をフォークと呼ぶことに疑問を持つ人もいるかもしれないが、数多くのフォーク・シンガーがトラディショナル・フォークを基本にしていたことから、新しく作られた唄でもフォークと呼ばれたのである。さらに民衆の生活と密接であり、民衆側の立場であるという意味合いも含めて、フォークという呼び名が相応しいとされたのであろう。要するに本来のフォークス（常民）の唄ではないからでこそ、わざわざフォーク・ソングと名乗ったわけで、南部の文化の中で歌われる唄、たとえばサザン・マウンテン・ミュージックはフォーク・ソングと名乗る必要がなかったのである。

しかしピート・シーガーは「コンテンポラリー・フォーク・グループが、フォーク・リヴァイバルに貢献した事実は認めるが、コンテンポラリー・フォークをフォークの分野に入れることは出来ない。むしろポップスの分野に入れるべきだ」と語っているのが興味深い。それならばピート・シーガーの自作になる名曲、『花はどこへ行った』も、フォークの分野に入らないということであろうか？

さて日本のフォークだが、その頃はコンサートなども大学生主体であり、まだプロの介入はなかった。様々な学生フォークの団体、組織が誕生して、スチューデント・フェスティバル、ジュニア・ジャンボリー、アップタウン・ジャンボリー、オール・U・ジュビリーなどのコンサートを主催する。これが後にキャンパス・フォーク、あるいはカレッジ・フォークなどと呼ばれるようになるのである。

六五年十二月十九～二十一日には日劇で『フォーク・フェスティバル』が開催される。出演者はジミー時田、寺内タケシ、鹿内タカシ、キング・トーンズ、マイク眞木（真木は間違いで眞木が正しい）、ＰＰＭフォロワーズ等であった。この出演者を見ると、まだ日本のフォークが確立されていなかったということがよく分かるのではなかろうか。

その頃のコンサートの常連はというと映画監督黒澤明のご子息、黒澤久雄が在籍したブロード・サイド・フォー、森山良子、小室等が率いたＰＰＭフォロワーズ、マイク眞木がいたMFQ（モダン・フォーク・カルテット）、フォー・ダイムズ、ランブリン・ヴァーミンズ、フロッキーズ、オールド・ブルー・マウンテン・ボーイズなどであった。

一方、関西でもモダン・フォークは流行のきざしが見え始めており、京都のドゥディ・ランブラーズの端田宣彦（はしだのりひこ）らがフォーク団体AFL（アソシエイティッド・フォーク・ロリスト）を結成して、そこにフォーク・クルセダーズ、岩井宏等が所属して大学生たちから支持を得ていた。後のカントリー歌手の三田ひろしが在籍していた大阪のシティ・ジュビリー、神戸のポート・ジュビリーなども活動を開始していた。

フォークは健全なイメージを持っていた。またその健全な音楽スタイルはアイビー・ファッションと相まって、清潔なイメージも持ち合わせていたのである。

元来、アメリカ東海岸の名門私大八校、アイビー・カレッジの学生の間で広まっていたファッションをアイビー・ファッション、アイビー・ルックと呼んだ。キングストン・トリオの格好がそうであるように、スラック・ストライプのボタンダウン・シャツに、尾錠がついたオフホワイトのコットン・パンツ、靴はローファー（スリッポン）であった。演者だけではなく、観客もこのスタイルでフォークを聴くのが先端だったのである。

『メンズクラブ（MEN'S CLUB）』という男性ファッション誌があるが、かつてはアイビー寄りのファッション情報などを発信し、若者の流行をリードする雑誌であった。この雑誌が六〇年代のアイビー・ブームの火付け役でもあり、毎号多くのページをアイビー関係のファッション写真と記事にさいていた。

アイビーとアメリカン・フォークとのつながりをいち早く紹介したのもこの雑誌であり、わたしなども多くの情報をこの雑誌から得ることができた。バンジョーや、オートハープのことなどを知ったのもこの雑誌ではなかったかと思う。

六六年七月号に掲載されたウェスタン・ギターD—28（マーチン）十八万円や、マスタートンRB—250（ギブソン）十八万八千円という値段には、当時の物価から考えても、あまりの高額さゆえに眼を疑ったものである。ちなみに男子大卒の初任給が二万五千円の時代の、十八万円である。

この雑誌の六五年九月の読者通信欄で、《フォーク・コーラスを作ろう。当方、バンジョーと12弦ギター有。フォークの好きな方連絡待つ　加藤和彦　伏見区深草伊達町××》と加藤和彦が呼びかけて、フォーク・クルセダーズが誕生したのである。また自主制作版『ハレンチ／破廉恥』を「買いませんかと？」問いかけたのもこの雑誌で、六八年四月号では《自費出版のLPが無くなりました。お持ちの方ご連絡下さい。加藤和彦》と通信欄に投稿している。

とにかくアイビーとモダン・フォークを見事に合致させたのがこの雑誌で、アイビー小僧の必読の書であった。

そのメンズクラブ六六年の五月号にこんな記事がある。

《フォークの場合においては単に「ブーム」という言葉はあてはまらないのではなかろうか？　言うならば、〈静かなるフォーク・ブーム〉という言葉を強調したい。深い歴史的背景と全世界の人類の間に於いて最も多く親しまれ、愛された真実性のある話、人種問題、平和愛好への願い又は、流行のない音楽形式などの要素が含まれ、さらに、演奏する際に持つ永遠の人間関係というものを目標にしているあたりは他の音楽に見られないファクターを持っている。例えば〝花はどこへ行った〟〝ドナ・ドナ・ドーナ〟〝風に吹かれて〟〝天使のハンマー〟といった曲を理解したからといって、そう簡単にフォーク・ミュージックの真髄を把握出来るとでも思ったらとんでもないことである。民謡の真の姿は、種々のタイプ（前記の四大要素）を聞くことによりそこに含まれているいろいろの物を理解出来るということである》

何を言わんとしているのかよくつかめない文章であるが、つまりこの頃のフォークは、まだこのようなとらえ方をされていたのである。

とにかく大人から目の敵にされていたグループ・サウンズ（GS）及び、エレキ・サウンドは不良のイメージが強く付きまとっていた。これは、騒音ともとらえられかねないエレキの持つ音、そしてなんと言っても当初マッシュルームカットと称された髪型が要因にあったのである。今ではとても考えられないことなのだが、髪の毛が耳にかかれば髪が長いと言われた時代である。それが耳にかかるどころではない、女の子と見紛うような髪型で世間を闊歩したのである。

しかし若者が発するムーブメントに対して大人が眉根にしわを寄せるのはこれに限ったことではない。江戸時代はおろか、それ以前の昔から連綿と言われてきたことに違いない。GS以前のロカビリーブームにおいても、大人はそうした音楽や若者風俗を目の敵にしてきたのである。

フォークにはどことなく知的な香りがあった。しかし見方を変えれば、先のGSブームがあったればこそ、フォークの持つ見栄えの良さが知的なイメージを与えたのかもしれない。

『ミュージックライフ六六年九月号増刊　FOLK　SONG』で藤井肇なる人物がこんなことを書いている。《先日NHKラジオ番組「フォーク・ブームを探る」の公開録音の中で、ある主婦が「私の娘はこの頃お友達とフォーク・グループを作っていますが、本当にフォーク・ソングでよかったと思います」との意見がきかれました。おそらくお母さんの偽らざる気持ちでしょう。娘さんがビートルズにしびれたり、エレキ・サウンドで近所に迷惑をかけるよりは、静かにギターを奏でながらフォーク・ソングを口ずさむ方が、はるかに好ましいと考えられたに違いありません》と。今読めば時代錯誤もはなはだしい文章ということになるのだが、フォークが世に出て来た頃は、確かにこのようなとらえ方をする人たちもいたのである。

要するに見た目だけをとらえただけの話であって、おおもとにあるものを見落としていたということでもある。しかしこの清潔感はカレッジ・フォークに限ってのことであり、やがて台頭してくるアングラ・フォークでは髪は伸び放題、お世辞にもきれいなどとは言えない格好にとって代わられる。もっとも、これはまだ先の話になる。

第二章　フォーク・クルセダーズという起爆剤

——一九六〇年代のアングラ・フォーク

一九六三年、西岡は高校を出て北浜の証券会社に就職をする。

当時の証券会社の景気はよく、初任給は一万三千八百円であったが、初任給の前に小遣い程度ではあったが、ボーナスまで支給されたというのである。相場ブームなどがあり、とにかく当時の証券会社の景気は好調であった。親も自由気ままにやっていた息子が、ホワイトカラーを選んでくれたことに少なからず「よかった」と胸をなでおろした。

一年ぐらいは何事もなく、無事証券会社に勤めていた西岡だが、ある日、北浜の本社から町の小さな営業所に回される。本社勤めの時は活気もあって面白かったのだが、支店で目にしたのは急に下落した株で意気消沈しているお客さんの姿や、臆面もなく金儲けに没頭しているオヤジ連の姿であった。そんな光景を見て、「なんか悪いことをしているんじゃないのか」そのような気持ちが常につきまとうようになり、とてもじゃないがこれは自分には合わないと、一年勤めた会社を退社する。可愛がってくれた部長を前にそんな理由を持ち出すことはとてもできず、「どうしても、やはり音楽やりたいから辞めます」そう切り出した。勿論それも嘘ではない、やはり音楽の夢は断ち切れていなかったのである。常にどこかに音楽が見え隠れしていたに違いない。しかし、親はまたここで、ため息とともに頭を抱えることになったのである。

実は西岡には音楽ともうひとつ、子どもの頃からの夢があった。それが美術である。小学校の頃から絵が好きで、中学高校と美術の成績だけはよかったのである。音楽関係、美術関係どちらをとるか、という気持ちに揺らぎがあった。もっとも、どちらをとるべきかという具体的な考えには至っていなかったのだが、その二つはずっと気持ちの中につきまとっていた。

一九六五年に証券会社を辞めた後、浪人をする形で美大を目指す時期が一年ほど続く。

そんな時期、人伝てに聞いたのであろう、音楽好きのTという後輩が、ビートルズのコピーをしたいから教えてくれとやって来た。西岡は頼まれるままに、学校に出向いてハーモニーなどを教えた。彼の所属していたアマチュア・バンドはコンクールなどに出て賞などももらっており、そのあたりの人たちの中でも西岡のことは、「音楽をやっていて、時間に拘束されていないおじさんがいる」と評判になっていた。それを聞いた音楽好きの若者が、いずれ西岡の家に集まるようになって来るのである。

そんな若者の中のひとりに、Tを介して遊びに来るようになった、メガネと呼ばれるM子なる女性がいた。やがてそのメガネ女史が「わたしも覗きに行きたい。一緒に連れて行って」と頼む女の子を伴って一緒に顔を出すようになる。この女の子がいずれ五つの赤い風船のヴォーカリストになるフーコちゃんこと、藤原秀子なのである。

当時藤原秀子はPPMのコピーバンド、ザ・ウィンストンズというグループに参加をしていた。藤原は物静かな女の子で、西岡の家に上がっても、始終じっと西岡の音楽に耳を傾けていたらしい。

今度は藤原が「そんなおっちゃんがいる」と、その話を同じメンバーだった中川イサト（砂人）にする。イサトもなんとなく興味があり、そして八月頃、中川イサトが藤原に連れられて西岡の家に遊びにやって来るのである。

その時イサトは、西岡の顔を見て思い出した。

「あれっ？　このおっちゃん知っている」

実はイサト、それ以前に西岡がアメリカ民謡研究会で歌っているところを見て知っていたのであった。

イサトは高校の時、軽音楽部に入ってハワイアンをやっていた。担当楽器はウクレレで、文化祭などでもそれを弾きながらハワイアンを歌っていた。

ある日友達三人と、他の友達の家に遊びに行くと、その家でPPMなるグループの『風に吹かれて』という唄のレコードを聴かされる。「ええっ？　こんな唄があったのか」

イサトにとってそれはカルチャーショックであった。そのカルチャーショックが覚めやらない数時間後、件《くだん》の友達とさらに男性もうひとり、女性を加えた三人のフォーク・グループでもって、先ほどの唄を眼の前で聴かされたのである。イサトの頭の中に、「ハワイアンどころじゃないぞ」と、何やらわけの分からないものがふつふつと湧き上がって来たのである。

ギターに合わせて歌い、そしてハモる。なんとも格好いいその姿にほだされたイサトは、早速友達三人でフォーク・グループを組んだのである。

イサトは高校を卒業して就職をしてからも、ギターは続けていた。そんなある日、友達を介して知り合った女の子がイサトの家に遊びに来た。おとなしい女の子でしばらく黙ってイサトが弾くギターを聴いていたが、やがてPPMの唄に変わると小さな声で歌い始めたのである。これがイサトと藤原秀子との出会いであった。そしてイサトは藤原とザ・ウィンストンズを組み、その藤原に西岡を紹介されたというわけである。

当時、中川イサトはショーケース製作の会社に就職をしていた。西岡と知り合ったことで、折を見ては仕事先から工具をアタッシュケースにつめたまま遊びに来たりしていた。

イサトは出会った頃の西岡の印象を『フォーク・リポート73・春』で、《年中足袋をはいているというその人は非常に変わった人でありました。あの時のショックはいまだに忘れることが出来ません。そしてギターを弾きながら歌う彼の唄はそれまで聴いたことのない素敵な歌だったんです》と語っている。

また、『新譜ジャーナル』別冊「五つの赤い風船」では《その当時から変わった人でして、ベレー帽に黒ブチのメガネ、おうちにいる時はタビを好んではき、雨の日なんぞはブカブカの長グツなんちゅう、オリジナリティのかたまりみたいな人でした》とも紹介している。

よほど強力なキャラクターだったんだと思いきや、西岡は「変わってないよ。わたしはねアトリエで絵を描いていたからね。ブルーズ（ショップコート）っていう絵描きさんが着てるような。絵の具がつかないように膝上まであるコーデュロイの上っ張りがあるじゃない。だからさ、足袋とか下駄とか草履とかブルーズとか、ブルーズなんか防寒にまで着ていたからさ、それで近所とか歩いていたからさ、奇異に見えたんじゃないの。本人にとってはなんでもなくて、イサトはそうした格好初めて眼にしたからそう思ったんだよ」と言うのだが……。

また、時を置かずして並行的に、ザ・ウィンストンズのメンバーであった喜田年亮、小川信一という後の風船のメンバーも集まり出すのである。

六六年、イサトが西岡と親しくなった頃、九州に転勤になる。ザ・ウィンストンズはそれまで、いろいろな場所でアマチュア活動をしていたのだが、イサトの転勤を機に解散をすることになるのである。

「その頃は音楽を仕事にしようなんてこれっぽっちも思っていなかったので、さっさと唄をやめて九州へ行きました」と、唄にまったく未練はなかったとイサトは語る。

六六年が明け、みんなは大阪駅までイサトを送りに来てくれた。イサトは「西岡さん、そしてみんなから餞別をもらった」と記憶をたどるが、西岡は覚えていないと語る。

ところがイサトが転勤してからも、その間の大阪での様子を、藤原は逐一手紙でイサトに報告していたのである。

その頃、西岡は失恋をして、ひとり秋田へ旅行していた。遠くへ行けば気も晴れるだろうと、家出をするような形で秋田へ出かけた。民謡の宝庫と呼ばれる秋田に、民族伝統を継承する集団があるということを人伝に聞いていたもので、そこを訪れて一泊させてもらった。どういう活動をしているのか興味があったのだが、そこに西岡が見出《みいだ》すものはなく、一晩で秋田を去った。

今回のインタビューで西岡はそう語ったのである。ところが著書『満員の木』にはこう書かれている。

《'66・春浅い頃秋田へ片道キップの旅の途秋田の正保内、ここは民謡の発祥地みたいにいわれているところですが、ここの「わらび座」で寝起きしたり、土くさいにおい臭い匂いをかいだり……、大阪や東京にない日本を見て歌をつくりました。（中略）そんなこんなで、秋田での経験が僕の音楽の母体になっているように思います》と。双方、言っていることが違う。

そこで「けれども『満員の木』の中では、「わらび座」で寝起きしたりと書いてありますよ、そう正すと西岡は、「そんな事実はない」と言い放った。それならば、『満員の木』の文章は一体どうしたことであろう？　どちらかが勘違いなのか、あるいはフィクションであろうと思われる。

西岡の話ではそのまま大阪には帰らず、東京へ行くことになる。

関西でブルーグラス・ミュージックをやっていた演奏仲間が東京に住んでいたのである。その人物は早稲田でブルーグラスの同好会をやっていた。そんな彼が「いろいろ積もる話もあるし、教えてもらいたいもんもあるから一度来てくれ」とかねてから言われていたもので、いい機会だと彼の住まいを訪ねた。

まあ結果居候みたいな恰好になってしまったが、しかし向こうもひとり住まいは淋しいからしばらくいてくれと口にするもので、その言葉にしたがった。

日々イラストを書いたりしてボーっとして過ごしていたが、食べるためには働かなければならなかった。そこで新宿の南口の甲州街道の入り口あたりにあった喫茶店で、ボーイやバーテンダーの真似ごとなどをやって糊口をしのいでいた。それでも半年くらいはその友達のところに転がり込んでいただろうか。

やがて西岡は大阪に帰った。

暇に任せて、その頃すでに『てるてる坊主』『小さな夢』などのオリジナル作品も作っていた。

一年浪人生活をしながらフラフラと大学受験を目指していたのだが、これといって受験に備えた勉強をしたわけでもなかった。結局、美大に合格することはなかった。他の雑誌の記述では受験すらしていない、ともある。

それでもまあ、自宅にいたので「食う、寝る」には困らなかったが、証券会社時代に貯めた金はとっくに消えていた。親からも四男坊だからあてにはされていなかったが、ただボーっと毎日を暮らしているわけにもいかない。

ここで腹を据えなければと、六六年にはビーズ刺繡の大きな店の工場に就職をする。女性の下着やエプロンなどの刺繡柄のデザインを任されたのだが、それまでの職人たちはお座なりのものしか描けず、新しい人間に、新しい自由な発想で描いて欲しいと会社側が考えていた時期に、西岡は上手くはまったのである。

「そのぐらいだったら、まあ何枚でも描きますよ」

そうした自信もあったし、好きなデザインでお金が稼げるならまず言うことはない。自分の目指すデザインとは多少ずれがあったが、そんな贅沢なことはこの際言っていられない。これも面白い経験になるだろうし、まず絵を描けるということがラッキーでもあった。

西岡には音楽と美術二つの夢があったと書いたが、あらためてデザインの仕事につくと、なんとなく絵が本業であるというように、絵に対する自信と誇りが頭をもたげてきた。そしてその間、西岡はいろいろな美術関係の公募展に作品を出品したりもしていたのである。

——当時アンデパンダンと言われた公募展があってね。そういう誰でも簡単に出品させてくれるような展覧会があって、そこに向けて制作していたんですよ。100号とか、ベニア一枚くらいの大きいものとか持って行きましたよ。本人は絵描き気取りでやっていたって感じかな。本当にその時期はベッタリ絵を描いていたってところはあるんだけどね。公募に出てもそんなに価値のある公募でもないし、誰でも応募できる公募だし、絵描きとしての価値を高めるようなところには出さなかったし、今から思えば絵を描いているって行為が、まあ世間知らずって言うのか、それで自分を満足させているって気持ちがあったんじゃないのかな。

だがそれに受かることはなかった。

しばらくして、自分なりに刺繡のことが少し分かってきたので自らセールスしたところ、仕事が貰えるようになった。そのときに、歳が若く見られることで見くびられるのではないかと、髭をはやしはじめた。これが後の西岡のトレードマークとなるのである。

——フォークが始まった当初、時代の流れ的に、そういう若者を受け入れる寛容さみたいなものがまだ世間になくて、若造がというふうな見方をすぐにしたがったわけですよ。またそういうことをちょっと歳が上の人も言いたがったんだよね、格差をつけたがるというか。だからなんか若者が出てきたりしても認めないみたいな感じを受けて、で、ちょっと老けた、髭をはやしてちょっと老けた顔になると信用が出来るみたいな、それだけですよ。

髭がはえただけで信用が出来てお金の取引が出来るみたいな、へんてこりんな安っぽい世の中だったんだよね。だから歳を最初に言っちゃうと、俺より上だ、下だみたいなことがあるけど、風貌だけだと分かんないでしょ。だからあえて、メガネもサングラスにして、髪も長くして、髭はやして、お前たちなんかよりも、ボクより三つくらい上の人よりもこっちの方が上だって感じになって（笑）。そういうふうに向こうが錯覚してくれたわけよ。だから仕事がやりやすかったのかな？

イサトは「当時ボクは西岡さんの歳が分からずに、相当上の人やと思っていたん。それがいずれふたつ違いって分かったんやのに、やっぱりおっちゃんやったな（笑）」と当時を振り返る。

西岡はデビューしてから後もかなりの間、年齢不詳で通した。

ところが運命とはそうしたものなのだろう、イサトも上司と大げんかをして会社を辞め、大阪に帰って来るのである。再び、イサトは西岡の部屋を訪れるようになる。日曜日ともなると常に、二、三人の人間が西岡の部屋に顔をそろえた。若者たちは屋根裏部屋に集まり、西岡の部屋のベッドや座敷の隅に座わり、西岡のオールド・タイミーなどの唄にじっと耳を傾けていたのである。音楽をやるという時間を共有出来る人間が集まることだけでも楽しかったに違いない。しかしこの部屋が少々変わっていたらしい。

――実家は大工だから、天井の高い大きな二階屋の板張りの工場があってね。なんで親父がそう思ったのか分からないけど、天井の空間部分に部屋作ったんだよ、五つくらい。誰かに貸すつもりだったのか、分からないんだけどね。四畳半くらいの部屋を五つくらい作ったんだよね。

で、計画が頓挫したのか、兄弟で住むようになったんだよ。ボクがそんなうちの三部屋使ったんだよ。音楽の練習部屋と自分の部屋、そして絵のためのアトリエとね。そりゃ、勝手に部屋を一個使ってアトリエにしてさー、天井に絵描いたりして、そんなことしてるやついないもん。親からも誰からも文句を言われないし、贅沢なもんだよ（笑）。

やがて楽器をとっかえひっかえしながらPPMの曲なんかも一緒に歌い、録音して遊んだりしていた。時にはチンザノなどの酒を飲みながらギターを弾き合ったと言う。わたしはその時のギターを聴いていないから知らないのだが、しかしどんな弾き方をしていたのか興味はある。そこでイサッちゃんにズバリ訊いてみた「西岡さん、ギター上手かったんですか？」と。西岡さんには、とても訊けやしない……もので。

――うん、上手かったですな。即興でフリーにやったり、ジャズ風にやったりと。当時ボクらは分からへんやったから「ほー、これがジャズ風なのか？」ってね。とにかく器用な人やった。

そうそうあの頃、六文銭の小室さん、小林雄二、石川鷹彦が朝日ソノラマで教則のソノシートを出してたんよ。ボクはそのソノシート聴いて、その頃まだボクはPPMだけやったから。それ聞いて勉強になったんやもん。だからボクの師匠は小室等、石川鷹彦、それと西岡たかし（笑）。

おそらくこの教則本は、一九六六年に朝日ソノラマ社から出版されたソノシート五枚付きのギターの教則本。『Peter Paul and Mary　フォーク・ギター研究』ではなかろうか。ギターの演奏は、小室等と小室さんが参加していたバンドPPMフォロワーズの面々。内訳はファースト・ギター小室等、セカンド・ギター小林雄二、ヴォーカル山岩爽子、ベース吉田勝宣であることから、第二期PPMフォロワーズのことで、石川鷹彦はまだ入っていない。石川が入るのは六八年、六文銭になってからのことであるからにして、これはイサッちゃんの勘違いかと思う。

そのイサッちゃんの話だと、「当時練習した時の貴重な音源がどこかにあるはずやで。西岡さん持っているんじゃないかな？　おもろいでぇ」と言うのである。これはどうしても聴いてみたいが……いや〜西岡さん、その音源を世に出すことはないんだろうなぁ。

ところがイサッちゃんは、「西岡さんの家にはその他にも、当時の貴重な録音テープがたくさん残っているはずだ」と語る。イサッちゃんいわく「たまにくれるんや、当時の音をCDにダビングしてくれて」ということらしい。

とにかく西岡の家には、楽器や録音装置がところ狭しと置いてあったというのは自他共に認める有名な話である。後年、自宅録音をそのままレコーディングしたURCのシングル、西岡たかし名義の『ボクを郵便で送りましょう――いやなやつ／退屈なうつり変わり―ポケットは空っぽ』『砂漠／森・ふくろう』や、アルバム『満員の木』などを出しているほどである。

『われらフォーク世代』という本の中で、小山雄二なる人物が吹田市の竹見台団地に西岡の家があった頃（七五年）、そこを訪ねた様子をこう書いている。

《彼の家で主要なスペースをしめていたのは、「西岡スタジオ」ともいうべき、六畳ぐらいの畳敷きの部屋だった。そこには、彼の愛用のギター、三味線、リコーダーなどのほかに、10インチリールをハイスピードでかけられる自慢のティヤックのステレオ録音機や、特別あつらえのアンプ、NHKの廃品を加工したというテープ再生機、これもNHKの払い下げ品を含めた数本のマイク、そして手製のフットスイッチが並んでいた。夜、騒音の納まるのを待って畳の上にマイクを置き、ギターを抱えて歌い、

必要なだけ楽器を持ちかえてダビングしていけば、この部屋で立派にスタジオ並みの録音が可能なのだという》

イサッちゃんは西岡さんのテープに関して「有山（じゅんじ）がおった時の風船のものとか、ラジオに初めて出演した時の音源なんかな。そうそう、渡のヤツとかも持っているのとちゃうかな……出なかったヤツ」と言う。

「ん？　出なかったヤツ」それって一体、なんのことだろう？

「なんですか、出なかったヤツって？」そう訊くとイサッちゃん、「『汽車が田舎を通るそのとき』のテープ」と語るではないか。

『汽車が田舎を通るそのとき』は高田渡のセカンド・アルバムとして、六十九年十月に西岡のディレクションでURCより発売になっている。

「あれじゃないよ、ちゃんとスタジオで録ったやつがあるんだよ。曲目はまるで一緒やけど」

これは初耳である。『汽車が田舎を通るそのとき』はスタジオにテーブルとイスを持ち込んで、女性を眼の前にして会話形式でのレコーディングである。

「渡は、ちゃんとしたスタジオ録音の方が気に入らんかったんやろな、お蔵入りになったんや。それで女の子相手の録音になったんや。あれはあとから渡、ぼやいていたもん。あんなアホな女呼ばなきゃよかったって。だって会話になってないもん。あの子、ただうなずくだけやもん。フォークのことなんか何も知らない事務所（高石事務所）の女の子だったんだよ」と、イサトは語る。

西岡もそのレコードのことを「私がディレクターでね、ちゃんとスタジオで録音したんだよ。それが没になったんだよ……没というか、渡が他の形でやりたいって、東京のスタジオで一からやり直しして、女の子と一緒にやる軟弱なのを作ったの。一緒にやったのは、わたしが音の外れたフィドルとかやってんだよ。それが渡は嫌だったのかな？（笑）」と語っている。

どちらにせよ無理矢理引っ張り出されて、わけの分からない内にレコーディングに参加させられ、挙句の果てにそんな悪口を言われるその女性こそいい迷惑なのだが……。

『汽車が田舎を通るそのとき』のアルバムが録り直しであったとの言葉が本当であれば、まったくもって今まで知らない話であった。しかし、どうして高田渡がレコーディングし直してまで会話形式のレコーディングに固執したのか、実はこちらにかんしてはその理由を知っているのである。これは恐らく誰も知らないことかもしれない。

高田渡の憧れのフォーク・シンガーの一人に、フォークの父と呼ばれたウディ・ガスリーがいた。

実はそのガスリーが一九三九年から一九四〇年にかけて、アメリカ議会図書館のアーカイブ・オブ・アメリカン・フォーク・ソングの研究員アラン・ロマックスと対峙しながら、レコーディングを行っているのである。それがニュージャージー州カムデンのビクター・レコードから（WOODY GUTHRIE LIBRARY OF CONGRESS RECORDINGS）として発表される。ガスリーは唄についての質問をロマックスから受け、それに答えながら唄を歌うといった形式のレコーディングであった。渡はそのレコーディング形式を模したかったのである。しかし相手の女の子はまるで素人、まったくガスリーとロマックスのようにはいかなかったのである。録音はそれとはかなりかけ離れた内容になってしまったが、渡はそれに固執したかったのであろう。

話が前後してしまうが、いよいよ東京ではフォーク・ソングが学生の間だけではなく、一般のヒット・チャートにも顔を出すようになってきている。

一九六六年（昭和四十一年）二月二十二日には、ＭＦＱ（モダン・フォーク・カルテット）にいた眞木壮一郎がマイク眞木の名前でソロデビューして『バラが咲いた』を歌い、シングル盤を三十万枚以上売り上げる。この唄はレコード原盤をレコード会社

（日本ビクター）が音楽出版社（新興楽譜出版・現シンコーミュージック）に依頼して制

作したもので、浜口庫之助が作詞作曲を担当した。

実はこの唄、当初ジョニー・ティロットソンのために書かれた唄であった。ジョニー・ティロットソンはアメリカの男性歌手であり、『ポエトリー』『キューティ・パイ』などのヒットを飛ばしていた。浜口庫之助は一九六五年、ジョニー・ティロットソンに『涙くんさよなら』を提供しており、オリジナルである坂本九の『涙くんさよなら』を上回るヒットを記録していた。ちなみに『バラが咲いた＝ジョニー・ティロットソン（六六年）』というアルバムではジョニー・ティロットソンの日本語、英語盤の『バラが咲いた』が聴ける。

また同年八月一日にはビクターからブロードサイド・フォーが『若者たち』をリリースした。『若者たち』はフジテレビ系のドラマ（一九六六年二〜三月）の主題歌であり、一九六七年には俳優座、新星映画社（自主上映）の製作で映画化された。作詞は藤田敏雄、作曲は佐藤勝であったが、この『バラが咲いた』『若者たち』も共に歌い手の自作自演ではなく、プロの作詞、作曲家が手がけているということも興味深い。

一九六七年一月二十五日には、日系二世ジャズ・トランペッターの森山久を父に、そして元ジャズ・シンガーの浅田陽子を母にもった音楽一家の森山良子が『この広い野原いっぱい』でレコード・デビューをする。作詞は小薗江圭子、作曲は本人の森山良子の手になるものであった。森山は学生時代からこの曲を歌い、コンサートなどではすでに名前が通っていた。その森山がラジオ番組に出演した折にこの曲がかかり、レコード会社の眼に止まったのである。

森山は高校時代、先輩の黒澤久雄から勧められたジョーン・バエズのレコードを聴くことでフォークを歌うようになった。

六七年一月、森山はジョーン・バエズのコンサートに飛び入りのような形で出演している。それがテレビ中継されレコーディングにこぎつけ、ソロ歌手としてデビューする。その透きとおった声は日本のジョーン・バエズと称されたのだが、森山にはジャズ・シンガーになる夢があったため、当初フォーク・シンガーとしてのデビューを渋ったというエピソードが残っている。

前出の『メンズクラブ』、六六年十二月号にこんな投稿がある。

《フォーク・ブームに思う。最近、マスコミは盛んにフォーク・ブームとか書きたてている。確かにフォーク・ソング愛好家が増えた。しかし現実において女の子などには、ただあのフォークに洗練されたムードだけに酔い、ただはやっているから聞く、というような人が多過ぎる。僕がこういえば、〝音楽なんて聞いて楽しめればいいじゃないのヨ!〟なんていわれるかもしれないが……。しかし現実はあまりにもコマーシャル・ベースにのったフォーク・ソングが氾濫している。これもみなマスコミが悪いんだ。こんなことから今のブームは単なるブームで何かうわついたものに思えてならない。だから、このブームが去り、そして底に残ったものが本当のフォーク・ソングではないだろうか。ぼくは中学時代にフォーク・ソングに興味を持ち始め、一部の仲間と歌ってきた。エレキのように手先と音のボリュームで人のハートをつかむのと違い、フォークは〝人の心の歌〟であり〝単純な雑音〟ではない。こんなフォーク・ソングの親しみ易さがこのブームとやらを起こさせたんだろう。しかし、フォークの好きな僕等にとってこのブームという言葉は何か抵抗を感じないではいられない。なぜならブームには必ず終わりが来るからだ。でも僕は信じている。日本にフォーク・ソングが完全に根をおろし。フォーク・ソングという立派なジャンルが確立されることを……。》と。

仙台市の木下なる人物からの投稿であるが、これがアングラ・フォーク・ブーム以前に書かれたことが関心をそそられる。なんとなくこの後の、フォーク・ブーム到来の時代をちゃんと見据えているような文章なのである。しかしある意味そのブームの中には、人の心もなく、単純な雑音である唄も含まれることになるのである。

さて西岡だが、みんなとの集まりの中オールド・タイミーだけではなく、オリジナル作品も披露するようになってきていた。またその時期は、西岡のオリジナル作品がポツリポツリと増えてきた頃でもあった。

中学三年の時に、『たそがれ』というオリジナル曲を初めて書いたが、まだそれはまともな形を成しているとは言えなかった。

この時のことを後に西岡は《最初はほのかな恋愛です。歌をつくることによってムードにひたっていましたねェ。僕が小さいころには口ずさめるうたが少なくてね。学校のうたはキライだったし、歌謡曲をうたうとしかられる、だからしかたなくだれにもなんにもいわれない自分のうたをつくることにしたんですよ（『新譜ジャーナル』、七一年十二月号）》と綴っている。

だが、さすがにこの頃となると、中学時代とは違って様々な音楽にふれており、聴いてきた唄や、触発されてきた唄の絶対数が違ってきていた。曲を書くことの楽しさも相まって精力的に唄作りを始めるようになっていたのである。その頃の唄はまだ趣味の域を脱し得ないものであったが、かなり聴衆を意識して作られるように変わってはきていた。もっともその聴衆も、この時点では部屋に集まる仲間だけを対象にしているに過ぎず、まだ大勢の人の前での披露はなかった。

後年、風船の代表曲となる『まぼろしのつばさと共に（六六年）』『雨よいつまでも（六六年）』『もしもボクの背中に羽根が生えていたら（六六年）』『二人は（六七年）』『遠い世界に（六七年）』などがその頃の作品である。

ここでオリジナル作品を見ると、メルヘンチックな歌詞の中にも、すべての曲にプロテスト・ソングの要素が含まれているということも見逃せない。『雨よいつまでも』では「いやな戦争　あらい流すように」と、『遠い空の彼方に』では「いやな夢　あの国では戦争が　人々が　子供たちが泣き　幸せどこにあるのだろう」と、『二人は』では「昔のように　戦争は嫌だけど」と共にあからさまに述べず、ほのめかす程度で戦争に対する悲哀を訴えているのである。

アメリカのフォークはディランの詞に接近することが大きかったこと、また日本のフォークも同様であったように、西岡の創作に誰かの影響があったのか、または反戦などを唄にしなくてはならない、そんなふうに時代の唄に乗っかる気持ちがあったのだろうか？　それを質問すると、「あー、周りはね。高石さんも当時はアメリカのフォークの、例えばディランの唄に刺激を受けてというようなところがあったでしょ。それに対して岡林さんなども影響されて、相当ガンガンやっていましたからね」と笑う。しかし西岡は自分の唄は「あれはまったくもって自分の発想ですね」と語る。そう言えば『小さな夢』も『てるてる坊主』、『雨よいつまでも』も、高石や岡林と知り合う以前の作品である。つまり「周りがね」の周りに触発されて、というわけではない。

二〇〇七年五月三日『五つの赤い風船と仲間たち』がリリースされた時、西岡はインタビューに、

《僕は、自分でオリジナルを書いていた人が原点なんだと思うんです。高石友也さんがやっていたようなことも出発点にはあると思うんですけど、それよりも起爆剤になったのは、フォーク・クルセダーズですよ。彼等が関西フォークの起爆剤となって、電波にのったり、大きなホールでコンサートもやるわけです。僕らはおこぼれで前座に出たりするんですけどね（笑）。そんな大きなところでやれるんですから、恩恵にあずかっているわけなんです。そうして順繰りに、みんなだんだんと成長していくんですけどね。最初は訳詞でやっていても、そこから脱皮して、オリジナルを書くということが一番のフォークの原点かなという感じがするんです》と答えている。

また同インタビューの中では、プロテスト・ソングに関して、

《時代背景でもある、プロテストということでいえば、最初はみんなアジ演説に近い

ような唄を歌っていましたよね。ガナったりとかして。メルヘンっぽいことをやっている風船は別という感じの時代だったんです。でも、僕はちゃんと音楽をやったほうがいいと思っていたんですね、心のひだに伝わっていくような何かを。プロテストするにしても、ストーリーなり詞としての役割があって、そこにメロディが乗って、唄になっているほうがいいんじゃないかと、それが僕の考え方だったんですね。まだ、方向性も分からない時代でしたけど、ハーモニーを使っていいものを作ろうと、独自な路線でやっていましたから。別に先見性があったというわけではなくて、感覚だけですけど》と、風船の方向性を語っている。

そう言えば西岡は以前、「ボブ・ディランなどの詞にも影響を受けた」と語っているのをどこかの文章で読んだ記憶がある。そこで、フォーク・シンガーならまず避けて通れないひとり、ボブ・ディランの名前を挙げてみた。

「ボブ・ディランの影響はなかったんですか？」

「まったくないと思う」

「えっ⁉」

いや確かに、昔の文章に「少なからずボブ・ディランを聴いて影響を受けた」そんなようなことが書いてあったのを、わたしは眼にしているのである。そこで質問を

「以前の文章に、ボブ・ディランを聴いて刺激を受けたっていうのがあるんですが?」と変えてみた。

——あっ、刺激? 刺激はやっぱり受けていますよ。アメリカン・フォークの中ではね。そういう存在があるっていう刺激を受けましたけれども、あの人のコピーをしようとかいう影響や考えはありませんでした。

初期のディランって、とにかく歌詞がかなりプロテストしているわけじゃないですか、だからまるで影響がないということはないけど……それに加えて、ピート・シーガーとか、ウディ・ガスリーとか、プロテストでアメリカのフォークを支えてきた人たちが、アメリカの若いフォーク・シンガーに多大な影響を与えてそれに倣った行動をとっている、というか……やっぱり、ボクも影響を受けましたね(笑)。

西岡は語る。「高校生の頃、浅沼さんが壇上でブスッと、刺されちゃうのをテレビで見るわけでしょ?(日本社会党、浅沼稲次郎は演説中に右翼の少年に腹部を刺され死亡)同じ画面でさっきまで子供相手の人形劇かなんかやっていたわけですよ。アメリカも日本も、もの凄い国なんですよ。それで影響受けないなんてあり得ないですよ」

と。

コピーではなく、影響という、そのニュアンスの違いが、西岡のこだわりなのかもしれない。

――確かに詞の基本が、自分に問いかけるみたいな意味合いのことが多かったですから。

まず、高校時代に学園闘争みたいなものや、安保っていうものもあったりして、そういう社会現象があったとしても、ボクは売るといった意味で商品だという考えで唄を作っていないから、欲求というよりは社会に対する不満の方が先に出たんでしょうね。社会に対して苛立ちみたいなものは持っていましたからね。

「そこに戦争という言葉が出て来ますが、それはやはりベトナム戦争とかの影があったからですかね？」そう訊いてみた。

「自国も過去に戦争があったということをふまえて、それが将来起こらないという保証もなかったわけじゃないし、やはり一つのテーマとして戦争が出てくるんだと思いますよ」西岡はそう答える。

「アメリカン・フォークの触発はあったにせよ、表面だけを真似すると格好だけになってしまいますよね。しかし西岡さんの反戦に対する言葉の使い方は独特なもので、それまでの日本の唄にはなかったものだし、いや、今もいないかもしれないですよね？」

「ベトナム戦争の影は当然ありましたけど、日本製ですよね、わたしがやったのは」

「そうだと思います。そういう時代だったんですかね？」

「そういう時代です！」

「そういう時代だったんですかね？」その問いは、脈絡もなく唐突に出たものである。それに対して「そういう時代です！」と即答した西岡の言葉は、やはりフォークは〝そういう時代〟に生まれるべくして生まれたものなのであるという、証しのように聞こえてならないのである。

それはアメリカン・フォークに、またはディランに触発されていたとしても、あの時代の日本のフォーク・シンガーの作るものはメイド・イン・ジャパンのフォークであったと考えていいだろう。英語で歌い、ただその物真似に翻弄されていただけのフォークと、触発はされたが自分たちの解釈を持っていたフォークとは、やはり違うものなのである。

たとえそれが誰かの影響下にあったとしても——ボブ・ディランでも誰でもいい——それは社会全般に対する矛盾や、わだかまりを気づかせてくれる触媒だったと言えよう。アメリカのフォークが種を蒔いてくれたからこそ、我々にそれを気づかくことができたのである。当然それに触発されて歌った若者もそれこそ多くいたに違いない。あの時代において自分たちのフォークが普通に芽生えたということは、やはり自然な行為であり、若者の呼吸であったのかもしれない。しかしそれが真の声ではなく、ポーズであったとしたのなら——それがブームという中での一過性のものであったとしたら——フォーク・ソングはたかだかそれまでのものであったということであろう。言い方を変えれば、時代の中でフォークを流行ととらえて、ただ右へ倣えをしたポーズでしかなかったとも言うことができるのである。もしそうであれば、日本のプロテスト・ソングが普遍的なものとは言えなくなってしまうのである。

てるてる坊主

てるてる坊主　てる坊主
あした天気にしておくれ

泣いてるあの子の明日のために
暗い私の心のために
あした天気になっておくれ

世の中はかなみ　なやむ人に
毎日ツルはしにぎる人に
あしたはきっとはれておくれ

どこかで戦争　死んだ人に
この世の暗い世界のために
ギラギラ太陽みせておくれ

やがてセカンド・アルバム『おとぎばなし』に収録されるこの唄を西岡は《フォークを作り出した一番初めの作品で、ボクにとっては思い出深いものです。これが友人の家までテレコをかつぎ込んで聴かせまわって、作曲家になりたいと話したら「また気がおかしくなったんか」なんていわれたことを思い出します》と書いているが、友人の「また気がおかしくなったんか」の言葉は、西岡が「美術を目指すんだ」と、常々それを友人に語っており、努々《ゆめゆめ》叶わぬことをまたもや言い出したというような面を指摘されたのであろう。

しかしこの唄の歌詞は、凄い。言葉遣いなどまだ稚拙な部分があるとしても、「毎日ツルはしにぎる人に」と歌ったその一言で、額に汗をして働く肉体労働者のことを表している。詞とは皆まで語らなくとも、たった一言でイマジネーションを働かさせることが出来るのだと、当時高校生だったわたしは納得と共に感心をさせられた。今でもこの曲は、わたしの西岡たかしのベスト・ソングの一曲にあげられる。

西岡はデザインの仕事をしていても、音楽に対する情熱は失われていなかったし、そこにまだ未練もあった。また、相変わらず休日ともなるとのちの風船のメンバーとなる人たちが顔を出していた。時には練習中に喧嘩もした。夕方の五時ごろから十一時過ぎまでワイワイガヤガヤやっていることもあった。

そんな時、西岡が作った作品をオリジナルとして発表したい、そんな話が持ち上がった。

東京のフォークがアメリカのフォークのコピーであり、受け売りであったと書いたが、また関西もそうしたことから脱してはいなかった。

「京都がいち早くオリジナルというか、日本語でフォークをやってたんよ。歌詞は頼りない歌詞やけど。それで日本語の方がお客さんに伝わるよなと思って、みんな興味をもっていた。それが西岡さんのところへ行くとオリジナルばっかりやったからね」

とは、当時を振り返った中川イサトの言葉である。

いわゆる学生たちが集まるアマチュアのコンサート、大阪のシティ・ジュビリーから出演依頼が来たのである。その場所で『遠い空の彼方に』を歌いたいと言うのだ。西岡が作った『遠い空の彼方に』を藤原が気に入ってくれたのである。

後に藤原は『遠い空の彼方に』のことを《西岡さんの曲を初めて聞いたときに……何曲か聴いたんですけど、そのとき、この曲だけは絶対歌いたいと思っていました。その曲が風船を作ったんじゃないかと思います》と語っている。

また西岡は『遠い空の彼方に』を《ちょうど次の仕事がなくて毎日家業の手伝いをしていた時、窓の外をながめながら早く飛び出したいといろいろなことが頭の中をめぐり、ただ見つめていたのが青い空の白い雲だった……そんな時、自然に口から詞とメロディが飛び出して、ボクは夢中で書きとめたのです》と語る。

西岡は彼らの言葉が嬉しかった。ひとりでも多くの人が聴いてくれるだけでも素敵なのに、自分たちが歌ってくれると言うのである。元ウィンストンズの面々も、外国曲の模倣から脱してオリジナルをやりたいと思っていた矢先のことであった。

西岡はデザインの仕事もあるし、コーチのような役目でなら引き受けると、練習に参加をすることにした。後にはギターでその名を馳せる中川イサトではあるが、その当時はまだスリー・フィンガーなどの弾き方はおぼつかなかったと西岡は語る。

そのことを中川イサトに訊いてみた。ズバリ「そのとおり！」と返ってきた。ギターは相当西岡さんに特訓されたと語る。ギター弾いていると、「ちゃうっ！」、「ツー・フィンガーはこうや」ってさんざん言われたと、苦笑いするのである。

やがてメンバーから本番をすぐ眼の前にして、うまく練習が出来ていないと相談をされた。それなのにコンサートの期日はもうそこまで迫っている。そこでフーコちゃんから「西岡さん、助っ人で出て下さい」と嘆願された。西岡は「自分だけで楽しんでいるんだから人前になど出たくないし、人前出るのは怖い」と最初は渋ったのだが、イサトから「おっちゃん、そんなこと言ってますけど、これが初めてじゃあないじゃありませんか」と指摘された。西岡は思わず「えっ？」と、イサトの顔を見返した。

実はイサト、前述のとおり、過去にアメリカ民謡研究会で西岡がバンジョーを弾いて歌っているところを見ていたのだ。

「以前にも歌っているところ、見ていますよ」と西岡に向けると、実際そのとおりだった西岡は反論も出来ずに、「分かった」と快諾とはいかないまでも、首を縦に振ったのである。

――だからなんと言うか、わたしは保護者でもないし、責任者でもないし、巻き込まれた側だから、だから音楽の遊び人ではあったけれども、面倒みようというような意識はまったくなかったからね。勝手にみんなやって来て、勝手に音楽やっているんだから。

でもそう言われたら仕方ないじゃない。やだな～とは思いながらも「分かった」と返事してしまったんですよ。

その言葉が語るように、まだ完全なるアマチュア状態であったから別段責任もなかろうと、「まあ、一度だけなら」と、そんな軽い気持ちで承諾をしたのだ。

そのとき西岡はオートハープで『ハウス・カーペンター（アメリカの古謡）』をソロで歌い、『遠い世界に』の助っ人としてギターを弾いた。西岡宅では『遠い空の彼方に』を練習していたとあるが、本番ではなぜか『遠い世界に』を選んでいるのだが、その理由は分からない。まだバンドの名前もない頃の六七年、四月のことである。

遠い世界に

遠い世界に　旅に出ようか
それとも　赤い風船に乗って
雲の上を　歩いてみようか
太陽の光で　虹を作った
お空の風を　もらってかえって
暗い霧を　吹きとばしたい

僕らの住んでる　この町にも
明るい太陽　顔を見せても
心の中は　いつも悲しい
力をあわせて　生きる事さえ
いまではみんな　忘れてしまった

だけど僕たち　若者がいる
雲にかくれた　小さな星は
これが日本だ　私の国だ
若い力を　体に感じて
みんなで歩こう　長い道だが
一つの道を　力のかぎり
明日の世界を　探しに行こう

音楽の教科書にも載ったと聞くこの唄は、ご存じ風船のラストを飾る曲としてだけではなく、日本で最も多くシング・アウトされた曲ではなかろうか？　まさに、日本のフォーク界においての代表曲である。

西岡はこの曲のことを「ボブ・ディランもＰＰＭというグループも知らなかった時、それを教えてくれたのがウィンストンズの連中。ＰＰＭの『悲惨な戦争』を聞かされ、美しさときびしさに感動させられて作ったのがこの曲です」と語っている。

そして、西岡がサイドメンとして参加した大阪シティ・ジュビリーのコンサートからひと月ほどたった一九六七年五月、正式に五つの赤い風船として初めて舞台に立つ日がやって来るのである。

ヤマハのコンテストがあると聞きつけたイサトが、そこに出てみたいと言い出したのである。

そのコンサートとは、ヤマハ・ライト・ミュージック・コンテストと呼ばれる、ヤマハ音楽振興会主催によるアマチュア・バンドの登竜門的なコンテストであり、一九六七年（昭和四十二年）から一九七一年（昭和四十六年）までの五年間行われた。全国各地で開催される地区予選を勝ち抜くと、東京で行われる全国決勝大会に出場することが出来た。一九六九年から一九八六年まで行われたヤマハポピュラーソングコンテスト、通称『ポプコン』の前身である。

相談の結果、みんなでそのコンテストに出てみようということになったのだが、とにかくまだグループの名前もない。当たり前だが、名前を付けなければ出場も出来ない。そこでメンバー全員で知恵をしぼってグループ名を出し合うのだが、誰の口からもこれだと納得するようないいグループ名が出てこなかった。

当時、西岡はイラストの仕事で『赤い風船と男の子』という絵本を書いていた。

「どうせこのコンサートは一回きりで、今後活動することもないのだから、五つの赤い風船はどうだろう」と提案したところ、それがあっさり通ってしまった。メンバーが五人だったからと安易な考えもあったのだが、横文字の名前は付けたくはなかった。「日本語で、なるべく覚えにくい変わった名前をつけよう」と、冗談半分の命名であった。イサトは「よくコンサートなどでグループ名を言ったときに笑われたものです。でも本人たちは一向に気にしていませんでした」と回想している。

その大会で『血まみれの鳩（六七年）』を歌った。西岡はこの時すでに『血まみれの鳩』でリコーダーを吹いていた。

——リコーダーを吹いてみたいと思ったのは、よく分からないけど、バロック音楽の影響ではなかったかな？
あの時のリコーダーは今も使っているけどね。当時ね、三千四百円ぐらいのものだったんですよ。リコーダーも売っているお店もなくってね。たまたま、梅田のナカイ楽器にそのリコーダーがあったんですよ。

血まみれの鳩

血まみれの小さな鳩が私の窓辺で　私にこう聞くんだ
この世界の空に　私の休めるところは無いのでしょうか
どこの空を飛んでも　どこの国へ行っても
傷ついたあの叫び声が
私の心を癒してくれない

血まみれの小さな鳩が私の窓辺で　日の暮れに死んだ
彼が飛んだお空に　平和を見る事もなく長い旅を続けた
平和を見つけた時にも　偽りの平和を見て
雲にかくれ泣いたろう
それでも翼をひろげて飛んだのだ

血まみれの小さな鳩が私の窓辺で　死んでしまった
今彼を葬ることより　今の僕らの世界を見つめる事のほうが
偽りの平和の中で　あきらめ暮らすよりも

真実の平和創ろう
それがあの小さな鳩のためにも

この『血まみれの鳩』はケネディ暗殺の悲劇をもとにして作られたものである。

一九六三年十一月二十二日、当時の大統領だったケネディは遊説先のテキサス州ダラスの市内をオープンカーでパレード中に狙撃されて、暗殺される。その日は日本とアメリカ間で初めてテレビ衛星通信中継の実験放送が流されたのだが、第一声はその暗殺を告げる悲痛なアナウンサーの声で始まった。

西岡は《ボクがあの時、朝もまだ暗い時、ラジオのスピーカーから第一声が『米大統領暗殺』だった。そして宇宙通信のテレビの最初の画面もダラス、ケネディ、ライフル……血まみれ……》西岡たかし作品集『五つの赤い風船 68曲綴』の中で、そう書いている。

プロテスト志向の強いこの曲はどちらかと言えば、暗い、重い、そんな印象を受ける。その時のことをイサトは「そしたら審査員の言うには内容がどぎつすぎるんだって。ふざけんなこのヤロー、ほかの唄を見てみろ、英語の唄ばかりで、聞いていて意味が分かるのか、日本人がなぜ英語の唄を歌わんとあかんのか、とまあ全員頭の中はカッカと燃えておったんですわ」と語る。

確かにこの曲はコンテストには相応しいとは言い難い曲だったのかもしれない。しかし、コンテストに相応しい曲だけを芳しいとするのならば、そうしたコンテストの意義は失われてしまう。そうは言ってもタイトルの第一印象や、歌詞の上っ面のイメージだけが先行してしまうとしたら、やはり選曲で損をしたとしか言いようがない。

結局ヤマハ・ライト・ミュージック・コンテストの結果としては第三位であった。西岡は作品集の中で《この唄を歌ってあるコンテストから落とされたことも……ボク達が居るきっかけか!》と綴っている。そして《いつも問いかけを持つ歌として、ボクが、ボクたちがいつまでも歌っていきたい》とも書いている。実際そのとおりで、西岡は現在もこの唄を歌い続けている。

ちなみに、本戦である全国大会は九月に行われ、一位はフロッギーズ（THE FROGGIES）、二位はジャックスと、ともに関東のバンドが受賞をした。ちなみにフロッギーズは六七年一月にはジョーン・バエズ、五月にはジュディ・コリンズ、八月にはブラザース・フォアと共演をし、また同年三月にはシングル『夢を描く世界の心』を発売した実力のあるバンドであった。ジャックスは翌六八年の三月に、シングル『からっぽの世界』でレコード・デビューをする。またこの第一回に、広島見真講堂で開かれた中国地区大会に出場してロック部門で優勝をしたのが、吉田拓郎がいたバンド『ダウンタウンズ』である。

この頃西岡にはまだ美術をやろうか、音楽をとろうか、そうした迷いが深くつきまとっていた。

そんな時期に五つの赤い風船は誕生したのである。

この時の風船のメンバーは、藤原秀子（ヴォーカル）、中川イサト（ギター）、小川信一（ギター）、喜田年亮（ベース）、そして西岡たかしの五人であった。西岡以外は、元ザ・ウィンストンズのメンバーであった。

この頃を境に、五つの赤い風船もアマチュア・コンサートに顔を出すようになる。また風船のステージは徹底してオリジナルにこだわり、それも西岡の手になる唄がすべてであった。「やはりオリジナルが、フォークの原点ではないか」と西岡はそう語るし、元ザ・ウィンストンズのメンバーも、英語の模倣に興味を失っていた。また折角オリジナルをやるのだったら、規制のアレンジでは面白くないという考えもあり、西岡は「誰もやってない独創性を持ったアレンジで音楽を創る」そうしたことにもこだわるようになっていくのである。

西岡の書くオリジナル曲のみを練習するその時間は、なんの束縛も持たないし、またなんの義務感もなかったために楽しかった。誰かに「こうしろ」と言われても責任感などない。そうした時間を趣味が合う人間と共有することの楽しさはいまさら語ることもなかろう。

練習が終われば必ず近所のお好み屋さんで、大きなかき氷やお好み焼きを食べたと西岡は当時を思い起こす。西岡がデザイナーで稼いだ金でみんなにおごった。

しかし練習をしていて、藤原は「次はこの曲をやろう」そんな西岡の提案にすべて快く首を縦に振ったわけではない。

——フーコちゃんは徹底的にアマチュアイズムだから、自分が気に入らない唄は歌わないっていうのがありましたからね。もう本当にイサトなんかも一緒になって、弱っていましたよね。練習のとき「次こんなのどう?」って訊いて、「嫌い!」って言われたらもう、練習も何も出来ないからね。だからお好み焼き食べに行くわけよ、それで機嫌なおして帰ってもらうの(笑)。

第三章

関西フォーク・キャンプの熱狂

その頃、風船の出演するコンサートをステージの袖から見ている男がいた。高石友也の所属事務所であるアート・プロモーションの社長、秦政明である。秦は大学時代から、うたごえ運動などの音楽に接してプロモーション会社を経て、イベント会社アート・プロモーションを興していた。

時代に沿って秦は大阪で『フォーク・フォーク・フォーク』などのコンサートを主催していた。第一回目の『フォーク・フォーク・フォーク』にはフォーク・クルセダーズ（加藤和彦、北山修、平沼義男、芦田雅喜）が出演していた。

第二回（一九六六年十月）の、『フォーク・フォーク・フォーク』に飛び入り参加をした高石友也は『ヨイトマケの唄』『年少かごの鳥（かごの鳥ブルース）』『のんき節』を歌い、フォーク・クルセダーズと知り合うことになる。そして後に、当時寝屋川高校の三年生であった中川五郎が高石に感化され、コンサートなど一緒に出演をすることになる。

やがて秦は高石のマネージメントを手がけるようになり、ふたりで精力的にフォークを広める活動をし、アート・プロモーションの運営を休むような形で（事実上辞める）、高石事務所に移行していく。

その六六年にはビクターより高石のデビュー曲『かごの鳥ブルース』が発売される。このビクターと高石の関係が、後にURC（後述）と並行してSF（ソウル・フィット）シリーズにおいて五つの赤い風船、岡林信康などのアルバムを発売するにいたるのである。

六七年から六九年まで続いた関西フォーク・キャンプなども高石音楽事務所が運営するコンサートであり、日本にそれまでなかった形式のフォークを知らしめていくようになるのである。

六七年、それまでの音楽史を塗り替える出来事が持ち上がる。フォーク・クルセダーズ（当初は、フォーク・クルセイダーズ）というアマチュア・バンドが大学卒業を目の前にして、解散記念にと、自主制作したアルバムから話は始まる。

その曲は、三百枚の限定であったこのアルバム『ハレンチ（破廉恥）』の中に収録されていた。テープの早回しで録音されたこの曲を、十一月八日ラジオ関西の深夜番組『電話リクエスト』が放送したのである。これが『帰って来たヨッパライ』であり、深夜放送にリクエストが殺到して火がついたのである。それを聞き付けていち早く原盤権を獲得したパシフィック音楽出版（ＰＭＰ）は、高崎一郎がＤＪをつとめた『オールナイトニッポン』で繰り返しかけ、強力なプッシュをはじめるのである。

この機を大手のレコード会社が逃すはずがない。各社争奪の末、販売権を東芝音楽工業が勝ち取り、十二月二十五日に発売した。十一月にラジオ放送され、十二月の発売はあまりに早いと思われがちであろうが、すでにレコーディングされた音源が出来上がっていたのだから、あとはプレスするだけでよかったのである。

電リクから端を発した一曲はあっと言う間に反響が広がっていき、やがて一日に数十回もメディアで流されるようにいたって、全国津々浦々まで『帰って来たヨッパライ』は浸透していくのである。正月を挟んでレコードは売れに売れた。小売店の店主がわざわざ東芝の本社まで訪れ、受付で「何枚でもいいから譲ってくれ」と頭を下げて嘆願した、そうしたエピソードまで残っている。

さらにその売り上げはなんと、それまでの販売記録を大きく塗り替え、二百万枚という戦後最大のヒットとなるのである（一九七二年に発売されたぴんからトリオ『女のみち』がそれを塗り替える）。そのとき秦は著作権出版社としてアート音楽出版を設立して『帰って来たヨッパライ』の著作権を管理し、以後、ＵＲＣ系列の楽曲著作権管理を行うようになっていく。

卒業を目の前にしていたフォーク・クルセダーズの面々は『帰って来たヨッパライ』のヒットで、一年という歳月で区切りをつける形の約束でコンサート活動等を始める。しかしすでにメンバーの芦田がヨーロッパ旅行に出かけることになっており、また平沼は家業を継ぐためにそれが叶わず、その埋め合わせ要員として、京都のドゥテー・ランブラーズなるグループから端田《はしだ》宣彦《のりひこ》が加わることになった。よって、『帰って来たヨッパライ』を吹き込んだ時点のフォーク・クルセダーズと、一年間という約束で再開をしたフォーク・クルセダーズとは違ったメンバーなのである。しかし、長身の加藤、北山の真ん中で歌う端田の凸凹コンビは、まるでオリジナルのメンバーであるがごとくフォーク・クルセダーズの盛り上げに一旗——またはそれ以上の役目を担ったのである。

また六八年には大島渚監督によって、映画『帰って来たヨッパライ』が上映されるにいたり、その人気はフォーク界だけにとどまらず、お茶の間にまでに及んだのである。客席から女性の黄色い声が上がったのも、フォーク界ではこのフォークルが最初ではなかろうか。しかし、早回し録音された『帰って来たヨッパライ』を生演奏することはどう考えても不可能であり、苦肉の策として加藤が子供用のおもちゃのピアノの調子を外して弾き、それに合わせて歌っていたのを当時眼にしたことがある。一応妙なピアノの音でその雰囲気は出していたが、いかんせん早回しの唄の方はどうにもならないままであった。

また売れた要因のひとつとして、フォークルのファッション・センスがよかったということも大きかったと思われる。サイケ・ファッションやピーコック・レボリューション等の流れをくむ加藤と端田、コンチネンタルを思わせる北山のネクタイ姿。このフォークルが、カレッジ・フォークのような一般的なアイビー・ファッションで登場していたとしたら、あれほど若者から熱烈な支持を受けなかったのではなかろうか。そしてそれは、女性のファンの獲得にも大いに役立ったのである。

ともあれフォーク・クルセダーズは時代の寵児であり、それまでの歌謡史を塗り替えたことだけは確かである。その彼らの著作権管理とマネージメントをしたのが高石事務所であった。

しかしフォーク・クルセダーズは約束のとおり一年間の活動をもって解散をしてしまう。この間に解散ライブ盤、ベスト盤を含めなんと五枚のアルバム、八枚のシングル盤を発売している。

事務所としてはまだまだ稼げるのにといった、口惜しさのようなものもあったに違いない。もっともそこには、メンバーの三人がすぐに新たなグループの結成でもって、ヒット曲を生んでくれるという思惑があったとも言えよう。事実、はしだのりひこは六八年の秋、フォークル解散後すぐに、はしだのりひことシューベルツ（越智友嗣、杉田二郎、井上博）を結成して、『風』というヒット曲を出している。

ここでまた風船の話に戻そう。

そんなある日、高石事務所の今井なる人物が西岡の自宅までやって来て、『遠い世界に』の譜面が欲しいと告げた。突然のことで譜面の準備は出来なかったが、後日、西岡は高石事務所へ『遠い世界に』だけではなく、他のオリジナル曲の譜面も届けるのである。その時の今井という人物は、のちの五つの赤い風船のマネージャーになるのだが、このときは互いにそんなことは知るよしもなかった。またその時事務所には社長である秦政明もいたのだが、西岡はどの人物が秦なのか知らなかったと語る。

とにかく譜面を渡して帰って来た。譜面は労音などのコンサートにプレゼンテーションをかけるときの素材であった。要するに「うちの事務所にこんなバンドがいるから」という宣材資料なのである。その少しあとになるが、秦から「他の人に君の曲を歌ってもらいたいから、売ってくれないか」そんな話もあったらしいが、西岡はそれをきっぱり断った。

後日西岡は労音の役員なのか、運動員のような人を紹介されもした。そんなこともあり、事務所に顔を出す回数が日を追って多くなってきていた。当時の高石事務所に社員は三人ぐらいしかいなかったのだが、高石友也をはじめとしてフォーク・キャンパースの面々など、いろいろな若手のフォーク・シンガーが出入りをしていた。

実はこの時点で小川信一はすでに風船を脱退しており、五つの赤い風船は四人で活動をしていたのである。

六七年の終わり頃近所の中学生だった有山じゅんじが西岡の家へ遊びに来るようになる。風船のメンバーという形ではなかったが、一緒に交じって練習などもした。まだ風船がプロとして正式な活動をする前だから、メンバーと言えばメンバーなのかもしれない。実際、サンケイホール、神戸国際会館、フェスティバルホールなどの大きなコンサートのステージも踏んでいる。

――有山は一時期風船に参加したんだと思うんだけど、なんで有山を入れたのか記憶にないんだよね……。アマチュアだからなんの決まりもなかったからね。なんかの責任があってメンバーをそろえなくちゃいけないってこともなかったから。たまたまそこにいたから、丁度どこかのコンサートに出る話がきているから、一緒にやらない？　なんてね。来る者拒まずって感じかな。

有山は半年ぐらい風船に参加していたが、高校受験を控えている時期であった。有山の母親から「大切な時だから、誘わないで下さい」と電話があり、それ以後彼が西岡の部屋を訪れることはなかった。

それと前後して、喜田年亮が風船を抜けていくことになる。イサトは「喜田が自分から言い出したんや。どうもみんなプロを目指しているようで、自分にはその気がないからって抜けたんや」と語る。

都合ふたりのメンバーが五つの赤い風船から去り、風船は五つではなく、三つになってしまっていた。しかしこの時点ではさしたる問題もなかった。喜田から「プロを目指しているようで」と言われたのだが、それはいささか早計な見方で、この時点において風船はまだ完全なアマチュアであった。アマチュアなので別に困ることもなく、三人で練習を続けていたのである——練習と言っていいのか、まあとにかく音楽で遊んでいたのである。最初の内は人前で歌う機会もあまりなく、相変わらず自分たちだけでわいわいやっているような形であった。

ところが高石事務所と懇意にしている内に、コンサートへ出てみないかなどの話も多くなってきて、高石事務所に所属するようになるのである。当時、関西の各地ではアマチュア主催の集会的なコンサートが多く、アマチュア・バンドが重宝がられた。風船もそんなアマチュア・バンドのひとつで、呼ばれるがままに舞台に立っていた。三人の風船はいいのだが、やはりコンサートとなると風船の音楽にベース音を欲した。だが是が非でもというような必要に迫られることもなく、西岡も別に焦ることもなく、その内どうにかなるだろう、そんな気楽な考えでいた。

六八年。この年、西岡は大阪市北区区役所でアルバイトをする。まだ絵描きの端くれでいたかったため、またそんな生活を続けていたいがため、画材を買うための資金が必要だったからである。

——公募に出品するためにも給料もらって、絵の具とかキャンバス買わなきゃならないじゃないですか。入ってすぐお金貸して下さいってお願いしているんですよ。画材買わなきゃいけないですからって言ってね。それで出展に合せて制作期間中休んで、それが終われば来ますからって言って（笑）。それが認められたって、そうとう不思議だよね。

それがさ、その後の話になるんだけど、その市の関係の人がね、「どこそこに来て、歌ってくれないかって」言ってきたんですよ。借金のことなんかなんにも言わないで、不思議な世界だよね。無下には断れないし、もうなんでもしますって（笑）。

区役所には一年ぐらい勤めた。次の一文はその頃を回想したものである。

《ある日車を運転していると眼の前がボーとして来て、それは今の自分がどこかまったく別の自分にかえられてしまいそうな気がしたと思うと、それはまったく別の世界が私におおいかぶさったり、その時私は夢中で家に帰り、自分を取り戻すために書きとめたんです（『五つの赤い風船　68曲綴』）》

いちょう並木

いちょう並木を歩いていると
にぎやいだ街の車の音も

みんな　聞こえなくなった
映画の音がとぎれたように
目には明るい午後の陽ざしがうつった

ボクの心の中に　この時
芽ばえたものは　すでにない
ボクの心は今　この時にも
新たな何かをそだてる（六八年）

美術を選ぼうか音楽を選ぼうかという葛藤があった時期は長かった。あてはなかったのだが、ある時音楽の道を選ぼうと、ふん切りのようなものがつくのである。某人物から、「君がやっていることを見たら、絵も描いているし、音楽もやっているみたいだけど、どっちがいいかと素人目に見たら、音楽の方が良さそうな気がするぞ」と言われた。「絵画の方は、どう考えてもたいしたことがないような気がするよ」そんな一言もつけ加えられていた。そう忠言する人の言葉など、別に意に介さなければいいようなものだが、自分で自分のことは分からない。分からないから、それが事実かもしれないような気持ちにさせられた。「実際性格が散漫だから、このまま行ったらどっちつかずになってしまうという考えもあったんだ」と振り返るが、しかしどちらも好きな道である、未練はあったが西岡は「絵の方は老後の楽しみでも出来るだろう」と、絵は少しの間置いておこうと決心するのである。

その年の八月、ある人物の口伝えで、フォーク・キャンパーズに在籍していた長野隆（現・たかし）なる男が風船に入りたいと言っていることが耳に入ってきた。

フォーク・キャンパーズとは関西フォーク・キャンプに集まっていた若手のフォーク・シンガーが結成した自由登録制の音楽ユニットであり、藤村直樹をリーダー格に、中川五郎、西岡恭蔵、金延幸子等が所属していたアマチュアのフォーク集団である。高石友也のバックで楽器演奏などをしたりして、一緒に労音等のコンサート等に出演していたが、西岡は「どっちらかと言えば、学生の音楽サークルのような存在であった」と語っている。

そこで長野は「風船以外に音楽はない！」と嘆願をして、ベーシストとして風船に加入することになるのである。しかしフォーク・キャンパーズに所属する長野を風船の一員として使うとなると、高石の許可を得ないといけない。それで西岡は高石を訪ねて事務所まで会いに行く。そのとき高石は、事務所が入っているビルの上階に夫婦で住んでいたと言う。

イサトはメンバーに入った頃の長野を「リズムが狂ったりしてはステージ終了後、楽屋で西岡氏にしぼられていたのを思い出します」と語っている。

――実は、当時長野はMCばっかりやったんよ。ボクらはようしゃべらへんから、しゃべりはもっぱらあいつやったんや。ベースよりそっちが大切ということはなかったと思うんやけど、それに没頭して音の方はいつも外すからね。

後に西岡さんがMCやるようになるんやけども、それは長野の話がおもろくなかったからなんよ。それで見るに見かねて、西岡さんしゃべりはったんよ。

わたしは、長野がMCを仕切っていた頃の風船は知らないが、そうした経緯で西岡がおしゃべりをするようになったとはついぞ知らなかった。とにかく当時の関西フォークの人たちのしゃべりは面白かった。岡林信康の唄とのギャップが大きい、おちゃらけた笑い。高田渡の皮肉な中にも洒脱な一面を持った笑い。そして西岡の飄々としたとぼけた笑い。もしわたしがプロになることがあるとしたら、しゃべることが出来る歌い手になろうと思ったものである。その挙句が……今のわたしである。

そうして高石事務所との接触が多くなるにつけ、風船は高石やフォークルの面々と顔を合わせる回数も増え、会話などを交わすようになってきていた。また秦との出会いで、少しずつではあったが労音などの仕事が回ってくるようになっていた。そのほとんどが高石の前座であったのだが、当然単発のコンサートと決まっており、後のロングツアーなどということは、想像だにしない頃の話である。

長野が席を置いていたフォーク・キャンパーズが第一回から出演していたコンサートが、高石事務所と高石友也後援会が主催したフォーク・キャンプである。実はこのフォーク・キャンプが、関西フォークの黎明期において、大きな役割を担ったイベントのひとつなのである。

第一回の始まりは一九六七年であり、これが一九六九年の第四回まで続くことになる（第五回も行われたが、主催者も主旨も違う）。

第一回は六七年七月二十九日〜三十日に京都の高雄で行われた。このフォーク・キャンプを機にフォーク・キャンパーズが生まれた。そして東京から来たボロ・ディランこと真崎義博が歌った『プレイボーイ・プレイガール』が話題となり、以後この唄はフォーク・キャンプのテーマ・ソングのような存在になる。この唄は二年後の『1969京都フォーク・キャンプ』の実況録音盤で、フォーク・キャンパーズの歌唱でもって聴かれる。

第二回は六七年十一月十八日〜十九日、大阪府能勢の総合野外活動センターで行われた。

注目すべきは六八年八月九日〜十一日に京都山崎の宝積寺で行われた第三回のフォーク・キャンプで、第一回は百十名の参加、第二回は百二十名の参加だったが、その第三回は倍以上、三百名の観客が集まった。その理由のひとつとして、出演者の中にフォーク・クルセダーズがおり、そのフォークル目当ての女性客がかなりいたからに他ならない。

関西からは高石友也、岡林信康、フォーク・クルセダーズ、五つの赤い風船、ジローズ、豊田勇造、フォーク・キャンパース、バラーズ、アップルズ、阪大ニグロ等々が出演したが、どういうわけか予定されていた高石友也は現れなかったのである。

東京からの参加者は高田渡、遠藤賢司、南正人、小室等と六文銭の石川鷹彦や小林雄二、フォーク集団「アゴラ」等々であり、関西と東京のフォーク連が初めて一堂に会した記念すべきイベントということになる。フォーク集団「アゴラ」とは、六〇年代後半に高田渡、遠藤賢司、南正人、金子章平（後に音楽プロデューサー）、ボロディランこと真崎義博らが所属した東京のアマチュア・シンガーの集団のことである。またこの時、西岡と小室が初めて顔を合わすことになる。後年小室は、「西岡の唄を聴いて唄が作れるようになった。日本語に唄をのせる方法はまるで滅茶苦茶だったが、それが自由そのものに見えた」と語っている。

関西勢は東京フォーク勢のテクニックに驚かされ、東京勢は関西勢のパフォーマンス、客の乗せ方に驚かされたと言う。この時点で、後のURCを支えるフォーク・シンガーの多くがその場所にいたことになる。逆説で自衛隊を批判した、高田渡の『自衛隊に入ろう』が話題を呼んだのもこの時のことである。ちなみにこの時高田渡は、東京市ヶ谷高校定時制二年であった。

第四回のキャンプは（六九年八月十五日〜十七日）びわ湖バレイで行われ、打ち上げの形で行われた京都円山公園野外音楽堂（十七日）での模様は、URCから『第4回フォーク・キャンプ・コンサート』として発表された。後に第三回の実況録音盤も『1968京都フォーク・キャンプ』としてCD化される。

——あのコンサート（第三回フォーク・キャンプ）は、それまでにない刺激にはなっているんじゃないのかな。特に関東の人には関西でこんな動きがあるっていうのは、衝撃的だったんじゃないかなと思いますよ。音楽産業としてフォークはとっくに関東ではあったわけで、とうよう（中村）さんなんかもそれで飯食っていたわけだから、そんなメジャーなサイドじゃないところでの音楽ムーブメントの起こし方というのを、日本中に知らしめたわけだと思いますよ。

そういう意味では、関西フォークはユニークだったんじゃないかな。でもわたし達はそこに参加はしているけども、どこにもって行かれるかってことは分かってなかったんですよ。

「どこにもって行かれるかってことは分かっていなかった」。その西岡の言葉は、そのまま当時のアマチュアの状態として、風船の目指す方向がまだ暗中模索の中にあったことを指しているのであろう。要するに、音楽をやろうと吹っ切れたものの、風船というグループが今後、具体的にどのような活動でもって進んで行くか、そんな計画性もなければ、展望もないままに相変わらず活動だけはしていたということであろう。しかし所詮はアマチュア、「もういいのではないか」そのような気持ちもどこかにあった。潮時を見て辞去しよう、自費出版でアルバムでも作って解散しようとも思っていたのである。

西岡はそのフォーク・キャンプで知り合った遠藤賢司の、一九六九年二月発売のシングル・レコード『ほんとだよ／猫が眠ってる』のレコーディングに加藤和彦、早川義夫、木田高介と共に参加をしている。加藤がタブラを叩き、西岡はシタールを弾いている。早川は鈴を鳴らしながらスタジオを這いずりまわっていたという話が残っている。

解散をしようか、などと語り合っている矢先——もっとも、この解散しようかという言葉も、本気と思いつきが混ざったような複雑な中にあった——、ギリギリの時点になって高石事務所から「今度URCというレコード・レーベルを立ち上げるからそれに参加してくれないか」なるオファーがあった。まず新レーベルを立ち上げるにあたって、加藤和彦や北山修などと一緒にディレクターの立場でレコード制作に携わってくれないか、と簡単に言ってしまえばそんな誘いであった。そしてなんと、その第一弾のアルバムに五つの赤い風船の名前があがっていたのである。そこに加藤がディレクターになってレコーディングをやろう、そんな夢のような話が現実となって進み始めるのである。またアート音楽出版が発刊する雑誌『うたうたうた　フォーク・リポート』の編集も同時に任されたのである。

西岡はその時の気持ちをこう語る。

——ありがたいですよ。その寸前にもうやめようって言っていたんですから。みんな就職のこともあるし、この先プロになろうなんて気もないし。それに、自分たちで解散記念にレコードを作ろうなんて話をしていた矢先なんですから。ところがただでレコードを出してくれる会社があって、それに参加出来るなんて話になったんだから。自分たちはお金を出さなくていいなんて、ラッキーチャンスでしたよ。アマチュアにとってはすごいことですよ。それでみんなもその気になったわけですよ。

西岡は『フォーク・リポート　VOL2・3』の中にこう寄せている。

《僕達のレコードが出来たんです。もォ、一年半前から自分たちの手でLPレコードを出したいと思っていたのですが、今度、やっと念願が叶ったというわけです。とても楽しいレコーディングでした。最初はどうしても自分達で作りたかったんです。それまで僕達は、やたらとコマーシャリズムに乗ることはしたくなかったし、自分たちのやりたいことをそのまま出来るレコードを考えていたんです。

こんなことを考えたのは、ある人のレコーディングに参加したときのこと、スタジオに入ると、なんだか堅苦しいムードで、なんだか重苦しくて、音楽なんて雰囲気ではなく、そして許された時間は十分ぐらい。一、二度ぐらいやればおしまい、ベストなんか出来るはずがありません。完全に組み込まれた仕事の一部という感じ。僕もその時ははじめてで慣れていなかった事もあって完全にノック・ダウンされてしまいました。歌う人は、すでに作られてあるオーケストラテープに合わせて歌うのです、どうも『ひとつの唄を、音楽を作るのは、演奏者の方ではなくて録音をする技術者の方なのか！』と、錯覚を起こしてしまいそうでした。そこには作曲者の意図や、歌手の、演奏者の、その他作詞家のそれやもっと重要なことがすべて無視されているんです。こんな方法で作られるレコードには何の心の通じ合いもあるものではありません。この時から僕は、こんなシステムの中で、もし僕達のレコードが作られるとしたら、僕たち『五つの赤い風船』は、死んでも死に切れないと思ったんです。オーバーないいかたかも知れませんが、本当にその時そぉ思ったのです。ですから僕たちは、なんとしても自分達の手で作ろうと考えていたところへURCからお話があり、とにかく僕達の思う存分好きなことをしてもいいということで、それならと思い切ってやりました。レコーディングはまったく自由な雰囲気の中で進められました。時間もたっぷり使えましたし、元フォークルの加藤君も忙しい中を協力してくれました。全てがスタッフみんなの息がぴったりあった中で出来上がったのです。僕は今ならいえます、

――これが本物のレコードです――》

このアルバム、片面が五つの赤い風船で、片面が高田渡という変則的なレコードであった。

――風船が片面であるってことは聞かされて知っていたけど、最初、片面が渡だってことは知らなかったな。でもね、自費出版して解散しようと思っていたアマチュアにとっては、片面であろうとなんであろうと、何千枚というレコードを作ってくれるわけでしょ、それを全国にばらまいてくれるわけでしょ？　会員制の配布だけだから、それが後に販売されていくんだけど、どっちにしたって作ってくれるわけよ、ただで。これはもうそれ以外の思想とか、自由な発想で出来ないとか、そんな問題なんかどこにもなくなっちゃった（笑）。

ここでURCのことについて少し触れておこう。

高石事務所に所属する多くの歌手の唄は、とにかく社会風刺や政治的内容が強く、またそれが過激であることもあり（全てではないが）、多くの曲が発売中止という憂き目にあった。六八年にはフォーク・クルセダーズの『イムジン河』が、朝鮮総連から元の詞に忠実ではないと抗議を受け、テスト盤まで出来上がっていたのだが、結局発売されることはなかった。それ以前には、高石の『かごの鳥ブルース』が歌詞を替えて発売されることを余儀なくされた経緯もあった。同年六八年には、岡林信康の『ほんじゃまおじゃまします』も発売中止となった。

そこに立ちはだかるのは、日本レコード協会内にあるレコード制作基準倫理委員会（レコ倫）と呼ばれる倫理組織であった。レコ倫とは道徳の規範にのっとり、反社会的や半教育的な楽曲を審査する組織である。要するに、社会的に不適切な楽曲を世に出させないということである。そこに引っかかれば、レコードを出すことが出来ない。詞の一部を替えるか、まったく違った内容に変更するしか、術がなかったのである。

ここに当時のレコード制作基準管理委員会規定があるので、それを記しておく（今は変革されたのか、今もってその頃のままなのか定かではない）。

《レコードによる社会的影響、特に心身共に未成熟な青少年に与える影響の重大性に鑑みレコード倫理の確立と公正な自主管理を行うことを目的とし、レコード制作基準管理委員会を設立する》

そうした問題を眼の前にしてメジャーなレコード会社では、秦が目指すフォークの方向性を考えても、抱えているアーティストの楽曲は出せないと踏んだのである。大手のレコード会社からレコードが発売出来ないとなれば、自分たちで作るしかない。秦はレコ倫の規制のない、自主制作によるレコードを作ることに踏み切るのである。しかし日本レコード協会に所属していなければ、一般のレコード店で販売することはのぞめない。そこで一般のレコード店で売ることは度外視して会員制にしようと、その方向を選んだのである。それがURCであり、この三文字はアングラ・レコード・クラブの頭文字からとった。

風船とカップリングの高田渡は、第三回フォーク・キャンプが終わった時期に、高石事務所の秦から「一緒にやろう」と声をかけられ、高石のコンサートなどに出演するようになっていた。

一九六九年には京都でバンジョーを弾いていた岩井宏と知り合い、一緒にプレーをするようになり、ふたりは長い間コンビを組むことになる（後に加川良が加わった時には、誰が言ったのか『三バカトリオ』と呼ばれた）。その頃西岡とも顔を合わせるようになり、懇意につき合うようになっていった。

「一緒にやろう」と声をかけられた高田や風船であったが、事務所としては売出し中の岡林信康のパッケージとして高田と風船を共演させたい思惑があった。しかし風船のメンバーは四人であることもあり、地方回りとなると交通費や宿泊代がかかる。そこで、岡林、高田、岩井で回るツアーが多くなっていき、月に二十カ所も労音のコンサートをこなすようになるのである。その時に生まれたのが名曲『三億円強奪事件の唄』である。この時期が六九年前半のことであるのだが、その半年後には、数において風船が高田のスケジュールを追い越すのである。

さて、その岡林信康だが、彼は牧師の息子として滋賀県近江八幡に生まれた。幼い頃からクリスチャン教育を受けた敬虔なるクリスチャンであった。やがて同志社大学神学部に進むが、教会の在り方に疑問を感じるようになり、大学を休学して山谷（東京都台東区）のドヤ街に身を投じ、工事人夫として働くようになる。その時労働者に交じって活動をしているひとりのクリスチャンと知り合い、そのことによって社会意識に目覚めていくのである。

六七年の夏までは山谷に住み込んで働いていたが、その時期に高石の唄に出合ってそれにショックを受け、「これなら俺にも歌える」と、『がいこつの唄』『くそくらえ節』を作った。

やがて「いろんな矛盾がワンサとつまった処で生きてみよう」と、一九六八年一月に大学をやめて建築現場で働くことを決心し、滋賀県にある琵琶湖干拓地入植者の住宅建設現場で働き始める。

またその頃と時期を同じくして、部落解放同盟運動の中でフォークを歌い始める。《フォーク・ソングなんてのは、ええかっこうした兄ちゃん連中が、英語かなんかで歌うもんだと思っていた若い仲間たち、特に、坂本（部落解放同盟滋賀県連合会坂本支部）の仲間たちは、ヒゲをはやしておそろしく薄汚くて、貧相な俺が歌う生々しフォークにいたくまいってしまったのです》と共著『フォークは未来をひらく』の中で当時の自分を語っているが、この考え方は、まさにカレッジ・フォークとは一線を画すものではなかろうか。

その年二月にラジオに出たことがきっかけとなり、二月二十五日『第二回フォーク・スクール』に飛び入りのような形で参加をし、そこで『がいこつの唄』『くそくらえ節』を歌って客の度肝を抜くことになる。モダン・フォーク全盛の中、岡林自身の言葉を借りれば「おそろしく薄汚くて」と表現される普段着で、しかもサンダル履きで登場して歌ったのである。岡林は奇異な目で見られはしたが、それ以上に日本語でプロテストするその姿は大きな印象を与えることになった。しかもなんと、岡林オリジナルとしての持ち唄は、当日歌ったこの二曲しかなかったのである。たった二曲で勝負し、観客に強烈な印象を植えつけたのである。

その頃、高石から一緒に歌わないかと誘われた岡林は、三月二十七日、二十八日と二日間開かれた『アンダー・グラウンド音楽祭』に出演して、高石友也、中川五郎、フォーク・クルセダーズ、高田渡と共演する。この時点ですでにアングラ・フォーク、または関西フォークと呼ばれたムーブメントを先導していく人間たちが頭を揃えたということになる。そして五月には高石事務所に所属して、岡林の名前は確実に定着をしていくようになるのである。やがて高石と各地の労音を回り、その名前はさらに浸透していくことになる。

ここで特筆すべきは、それまではどうしても学生の音楽という感が強かったフォーク・ソングではあったが、高石、岡林の登場でそれが変化の兆しを見せ始めてきていたということである。実際、それまでレコード化されていたフォーク・ソングのほとんどは、大学生（またはOB）が中心のものであったが、状況が変わりつつあった。前出の藤井肇が《アメリカではカレッジや大学の素人グループからスラッとプロ入りした例をたくさん見受けます。（中略）でも日本の現状では、そうたやすくは問屋がおろしません。つまりプロが活動する場が極めて少ないのです。勿論、マイク眞木やブロードサイド・フォア又ザ・サヴェージなどの諸君がレコードに吹き込み大当たりをとり、方々のコンサートに出演して人気を博していたとしても、彼らは決して純粋のプロ歌手とは申せません。むしろ依然エリート意識をもった学生（アマチュア）精神を誇りとしているようです。従って我国ではまだボブ・ディラン、ジョーン・バエズ、ジュディ・コリンズあるいは前記のフォーク・グループのような職業歌手の誕生にはまだ間があります。皆さんもあくまで素人の立場からフォーク・ソングに親しんで頂きたいと思います》と書いたのは六六年のことである。「素人の立場から」ではなく「素人の立場の」の間違いだと思うが、それからわずかの間に、つまり社会人が、それも額に汗する労働者然とした人間が、フォーク歌手として聴衆の前に姿を現したのである。

岡林は、五月にビクターから発売予定の『ほんじゃまおじゃまします（くそくらえ節）』を録音するが、この曲が発売中止となり、急遽曲目を変えて、九月に『山谷ブルース』を発売することになる。そのB面に収録された『友よ』は、やがてシング・アウトの代表曲となり、コンサートの最後を飾る定番曲となるのである。もっとも現在、プロの歌い手が、この唄をコンサートの最後にシング・アウトで、定番のように歌われていたと言ってもいいだろう。あれほどコンサートで、定番のように歌われていた曲がまったく聴かれなくなってしまったということに、誰も疑問を持たないのだろうか？　この辺りを分析すれば、関西フォークの時代が解けるし、また説けるのではなかろうかと思うのだが……。

風船のレコーディングは加藤和彦がディレクターを受け持ち、録音は大阪千里ヶ丘にある毎日放送のMBS千里丘第1スタジオで行われた。一九六八年十一月十日・二十六日、一九六九年一月十三日のことである。ちなみに片面の高田渡の方はというと、毎日放送のスタジオに客を呼んでの公開録音であった（六八年十一月十三日）。ディレクターは高石友也である。

風船のレコーディングは放送局の技術者にお願いして、電話の音声から始まったり、音を右左に飛ばしたりなどという、結構凝った作りをしている。当時のラジオ技術者にはラジオドラマなどで特殊効果を扱う技術者も結構いて、レコードのミキサーを買って出た人はそれを面白がって手伝ってくれたという。それが功を奏して、かなり西岡の思いどおりに、また自由にレコーディングをすることが出来た。後に「今から思うと不思議なのは、その時のレコーディングでは少しも上がらなかったということだ」と語っている。

――だからもうスタジオの側には擬音用の擬音室があったり、楽器倉庫もあったりしましたからね。いわゆるヴィブラフォン（ヴァイブ）なんかも引っ張り出して弾いたのはボクですからね。レコーディング以前にヤングタウン（毎日放送）に出たときに、たまたま楽器倉庫にあるヴィブラフォンを発見して、それを引っ張りだして即興で弾いたことがあったんですよ。

六七年頃のヤンタンで、初めて弾いたんじゃなかったっけかな？　それまで触ったこともないのに、マレット（打楽器を演奏する際に用いられるバチ）も握ったことがなかったし、生まれて初めて持ってやっているんですよ。レコーディングはヤンタンを収録しているスタジオと同じだったから、楽器倉庫にヴィブラフォンがあるのを思い出してね。みんながしゃべっている間に、ちょっと練習させてくれって言ってね。だからね、ミュートペダルがあるんですけど、初めてだから、音があんまり消えてないんですよ。あれ一個ずつ、前の音を消して新しい音を叩くから、残響が消えていくわけですよ。よく聴くとちゃんと消えてないんですよ。よく把握してなくても、あれだけ弾けてれば良いでしょ（笑）。

わたしは失礼を承知で「でたらめですか？」と訊いてみた。すると西岡さんは「でたらめじゃない。なんとなく一応知識は持っていたからね」と返してきた。

——耳にあるからね。ミルト・ジャクソンとかゲーリー・バートンとか、ヴァイブの音を中学生くらいの時に聴いているんだよね。

その頃だったか、フラメンコ・ギターのカルロス・モントーヤ（一九三〇年代の後半、クラシック・ギターの要素をフラメンコ・ギターに加味してフラメンコ・ギターソロの領域を開拓した）が来日した時、テレビのインタビューに答えていたんだけれども、「なんで、そんなにギターが上手くなったんですか？」っていう質問に。「だって子供の頃から聴いていて、ただそれをそのままやっているんだから。習ったんじゃない、そのままやっていたから出来たんだ」というようなことを言っていたんだよね。あ〜、音楽ってそれでいいんだ、音楽ってそういうもんなんだって。それでそのモントーヤのおじさんも音符なんか読めない。上手くなる人ってそれでいいんだ。俺も上手くなるんだからそれでいいんだってね（笑）。ものすごく単純なんだよ、わたしって……。

しかしヴァイブをレコーディングに使ったことで、コンサートのためにヴィブラフォンを持って歩かなくてはならなくなってしまった。当然、ヴィブラフォンは高価な楽器であった。そこで国産の安いヴァイブを事務所に買ってもらった。しかし買ってもらったのはいいのだが、とにかくヴァイブは大きい。鍵盤部分は取り外せるのだが、台枠は分解出来ない。しかも、ベースもウッドベースだったので、これも持ち運びが大変である。しかるに、後に風船だけボーヤ（バンドボーイ、ローディー）がついた。

『フォーク・リポート（六九　VOL2・3）』、に、音楽評論家の朝妻一郎が、風船のレコード（後記の、第一回配布レコード）のことにこう寄せている。

《第二面は、元フォーク・クルセダーズのメンバーだった加藤和彦がディレクターとなってレコーディングした、五つの赤い風船の8曲が収められている。

第一面（筆者注・高田渡）が、歌詞の部分で、このレコードでなければ出来ない自由なことをやっていたのに対して、こちらでは、録音方式などの点で、自由なことをやっているのに気付く。

オープニングのテーマのように、ステレオの右と左のチャンネルを往復させる方法は、ビートルズや、ヴァニラ・ファッジなども使っているが、ここでも巧く処理してある。

しかし、このグループを〝アンダーグラウンド〟で聞かなければならない、ということは、極言すればグループ当人たちにとって大きな不幸であるといってもいい。このグループは充分に〝オーバーグラウンド〟なものであるし、その音楽的才能もビックリするほど素晴らしいものを持っているのだから……。もっと広く紹介されていい、いや、されるべきタレントであろう。

西岡たかしの作詞・作曲、そして楽器演奏の技術、特に『遠い空の彼方に』に於けるそれは秀逸である。また、この曲のエンディングも、類型的でなく、非常に洒落たセンスを感じさせる。

五つの赤い風船という名前が、一日も早く商業レコードのレーベルの上に見られることを、そして、そこでも、これだけ自由なことが出来ることを願ってやまない。非常によく出来たレコードである》

と、べた褒めであるが、冷静に考えると「一日も早く商業レコードのレーベルの上に見られることを」とあるのは、どう解釈していいのか悩む。商業レーベルとは、つまり大手のレコード会社のことを指しているのであろうが、それを良しとしない理由があったためにURCを立ち上げたのである。それを知らないで書いた文章なのであろうか？　いや、氏はこの文章の前の部分で「あくまでコマーシャル・ベースに乗ることを目的としない、アンダーグラウンドなのであり、そうした意味に於いては、まずこの3枚とも（筆者注・第一回配布レコード）成功を収めている」また「これまでコマーシャル・ベースに乗り難いこと、或はそれ以上のことを理由に、一般のレコード会社ではレコード化されなかったものが、どんどんここでレコード化されるのではないかと期待されるのだ」と書いている。ということは、それを知っているということである。「一日も早く――」と書いてあるのは、URCなど所詮はインディーズであると、語るに落ちてしまったということなのであろうか？　またそこに、やはりインディーズのレコードでは勝負にならないだろう、という気持ちがあったのであろうか？　あるいは、インディーズを認めたくないのかのどちらかであろう。それともインディーズ・レーベルなどに置いておくのは勿体ない、との考えであろうか？　当然これは、後者であることには間違いないだろう。そして、「そして、そこでも、これだけ自由なことが出来ることを願ってやまない」とあるのだが、確かにそれはそのとおりである。しかし、この録音はURCだから出来たわけであり、もし大手のレコード会社で録音したら、それは叶わなかったことであったかもしれないということを見落としてはいないだろうか？

そして「ステレオの右と左のチャンネルを往復させる方法」を朝妻氏も書いている。そうなのである。当時わたしはこのレコードを聴いているとき、音が右から左へと飛び交うことに気がついた。「やるもんだな」と感心をさせられたのだが、その録音方法をイサッちゃんから聞いたとき思わず「えっ？」っと聞き返してしまった。

「あの時のレコーディング一発録りやもんね」

一発録りとは、ヴォーカルや楽器も一緒になって、「せーのっせっ」で録音をすることで、レコーディングとはそれが当たり前だと思っている人がいるかもしれないので、蛇足だが簡単に説明をしておく。

レコーディングのチャンネル（トラック）がひとつしかないとすると、そのチャンネルに一回で録音しなければならない。簡単に説明すると、1チャンネルというのはテープレコーダーの中にテープが一本しかないと思っていただきたい。それが4チャンネルの録音だとしたら、テープレコーダーの中にテープが四本あるということで、四つの音を別々に録音して、その別々の音を任意のレベル、定位、エフェクト処理下でそれらをミキシングし、最後の一つにそれを合わせた音を録音する（ミックスダウン）と考えていただきたい。これをマルチ録音と呼ぶ。それを繰り返せば、沢山の楽器や唄の録音が可能であるが、それには膨大な時間と労力、費用がかかることになる。現在は、デジタル録音で、無限のチャンネルの録音を重ねることが出来る。

つまり一発録りとは一回勝負であって、誰かが間違えたら最初からやり直しということになる。

――『赤い風船（テーマ）』の曲やったかな。ラジオ局だからマルチがないから、定位を動かしているんよ。ステレオ録音の音って右と左が違う音でしょ。それを入れ替えたり、音の配置関係が左右以外にも遠近方向にわたって聴こえることにしようというわけ。

ブームスタンドに紐でスピーカーをぶら下げ、スピーカーを横に大きく振る。そのスピーカーから一度録音した音を流す。右と左にはそれぞれマイクが立っていて、その音を録音するという案配で、そうすると音が右と左に移動するやん。

このイサッちゃんの言葉に、思わず「えっ？」っと聞き返してしまったわけである。機械的な操作ではなく、スピーカーを上から吊るしてそこから流れる音を録っていたとは、またなんとも原始的な……驚きである。音を飛ばそうというアイディアは、ディレクターであった加藤和彦と西岡の口から出たものだったが、それをラジオ局の人が工夫をしてくれたらしい。またエコーも、エコー・マシーンを使ったわけではなく、放送局のルームエコーを使っただけと言う。要するに風呂場の中での残響音と同じと考えればいいわけですよ。

そしてこのレコードはたった三日間という、つまり考えられない短い期間で録音されたのである。しかし今聴いても、そのアルバムの出来は秀逸である。今回この文章を書くにあたって、全ての風船の音を何回となく聴いたが、最初の録音であるから、まだまだ音が固まっていないかと思いきや、このアルバムが全アルバムの中で最高の出来であると言っても過言ではない。

その頃、西岡たかしは『フォーク・リポート（六九 VOL2・3）』でメンバー紹介をこのようにしている。

《西岡たかし：本職は、こむ僧だから笛を吹くのが得意なはず。だけど本当はどうしようもない音痴でしてねえ。

えっ、レコード聞いたらまとも以上じゃないかって！ 今のご時世、あなた、ヒコーキは落ちても操縦士はポンと飛び出て助かるって世の中ですよ。それが証拠に、今度いっぺんステージみてごらん。舞台に上がってもあがりっぱなしもいいところで、おたおたしてシタールにしがみつき、バイブの前でふるえて……。必死になって油汗タラーリたらりでやっているから、ひょんなはずみというやつで、あんなにいい音がでるってわけ。あれはへたなクロウトには出来ないことだね。どえらい音痴にしか出せない音ですよ。だけどいいもんだねェ。あの年になっても純情かれんにも、今どきステージであがるなんざ……。

純情といえばフーコちゃん：この人は純情をまさに超えてるね。なんでも聞くところによると、森永ドライミルクの赤ちゃん、彼女が中学一年になりたての時みこまれてモデルになったんだとか…。未だもって、モデルになってくれって森永からうるさい程申し込みがあるとか……もっぱらのうわさ。

中川砂人：ギターを持たしたら鶴岡正義も赤面するとか。なんでも額が似ているって、鶴岡正義に……いやドリフターズの仲本工事。この人はまた肉体美といいましょうか何といいましょうか、実にいい。あんぐら音楽祭のオールヌードのポスターを参考にみてみること。

長野隆：彼は岩手県の出身でありまして、長野県の産ではありません。去年の十二月一日に大阪に出てきたとかで、フォークルのさようならコンサートでは得意の東北弁で歌っております。〝まんずおいでェよォ、ぼくうのベッドォへェ…〟》

しかし、なんともはや、すごい自己紹介ですな。

中川イサトは『ヤング・ギター増刊号（七二年一月）』の中で「もと五つの赤い風船にいた男の子よりの便り」と題して、こんな記事を書いている。

《LPを「風船」が作る場合。まず西岡氏が詩を書き曲をつけ、いざ録音と云う時点において彼の頭の中にはすでにその曲のイメージみたいな物があるわけです。そしてそれを録音しながら、あっ、ここはこう云う風にしようとかああ云う風にしようとかバリバリ決めていくんですよ。だもんで、少しベースがはずれようが（そりゃあはずれないにこした事はないんだろうけど）西岡氏の頭の中にある自分の作品・風船としてのイメージが出来ればそれでOKなんですなあ。風船サウンドの秘密はそこらにあるんではないでしょうか？　まあ他のメンバーがいなけりゃそりゃあ風船のLPにはならないけど。やはり西岡氏の力が多方面に渡っているのはたしかでございます》

イサトはその頃を振り返って「どっちにしてもあの人の曲やし、大きくアレンジしているのもあの人やし、当時ボクらは分かってないから、言われたまま弾いてたし。今だったら言うよ」と笑う。

こうして六十九年二月、URC第一回配布『高田渡／五つの赤い風船』は全国の会員の手に渡るのである。

ここでその会員制配布のレコードを記しておこう。

第一回配布
LP『高田渡／五つの赤い風船』
シングル『イムジン河／リムジンガン　ミューテーション・ファクトリー』（筆者注・ミューテーション・ファクトリーは、元フォーク・クルセダーズのメンバー平沼義男、芦田雅喜、作詞者の松山猛が急遽レコーディングのために組まれたものであり、この時以後の音楽活動は一切していない）『坊や大きくならないで／もしも平和になったならトリン・コーン・ソン』

第二回配布
LP『六文銭／中川五郎』
シングル『くそくらえ節／がいこつの歌　岡林信康』『大ダイジェスト版三億円強奪事件の唄（スタジオ録音）／三億円強奪事件の唄（ライブ）』

第三回配布
LP『休みの国／岡林信康リサイタル』
シングル『転身／電車問題　高田渡』『ボクを郵便で送りましょう―いやなやつ／退屈なうつり変わり―ポケットは空っぽ　西岡たかし』

第四回配布

LP『世界のプロテストソング　オムニバス盤』
シングル『私の大好きな街／この道　藤原秀子　中川イサト』『坊やの絵／ともだち　ザ・ムッシュ』

第五回配布
LP『第4回フォーク・キャンプ・コンサート　2枚組』
シングル『お父帰れや／竹田の子守唄　赤い鳥』『砂漠／森・ふくろう　西岡たかし』
（筆者注・当時の表記のママ）

第四章

アングラ・フォークの時代

URCレコードが発売された一九六九年、アングラ音楽祭が行われた。まずは大阪から三月二十日、音楽祭に出演する全員が参加した『オープニング・コンサート』から始まり以下、

二十一日『ジャックス・ショウ』
二十二日『プロテスト・ソング大会』
二十三日『五つの赤い風船と六文銭』
二十四日『加藤和彦　端田宣彦とシューベルツ・リサイタル』
二十五日『岡林信康リサイタル』

と、六日間にわたって続いた。

オープニング・コンサートでは出演順をジャンケンで決めようということで、まず

ステージ上でジャンケンが行われるというユニークな形であった。また、六文銭が大阪に初めてお目見えをしたのがこのコンサートである。

さらに、東京では二十六日から四月二日まで、同じパッケージでのコンサートが行われた。このコンサートで大阪はもとより、東京でも高石事務所の所属アーティストが一堂に会しその名前が一挙に開花した。

西岡はそのアングラ音楽祭を「やっぱりあれは、ポイントになっているコンサートだと思いますね。あのコンサートがあったことで地方の方も東京や大阪で今までとは違う動きが起っているんだ、ってニオイを感じるようになってきているんですよ」と語る。

また『三億円強奪事件の唄』では作者の高田渡がヴォーカルをとり、岡林信康が替え歌などでチャチャを入れる。中川イサトがギター、西岡たかしがフィドル、岩井宏がバンジョー、長野隆がベースという編成であった（加藤和彦がギターで入ったこともあった）。

この唄は日本のフォーク史においてもプロテスト、トピカルの要素を含んだ傑出した名曲であり、放送禁止（本来この言葉はなく、放送上要注意曲、放送上不適切な曲と表現するのが正しい）にさえならなければ、名作（迷作？）として歌謡史に残ったはずである。

ちなみに公訴時効が成立した一九七五年（昭和五十年）、そのアンサーソングとして『三億円強奪事件時効の唄』をなぎら健壱、また別なレコード会社でアルフィー（現・ジ・アルフィー）が『府中捕物控』をレコーディングしたが、双方とも発売中止になってしまった。さらにアルフィーに関しては、発売前日に中止が決定した。

そしてこのアングラ音楽祭の時、会場に訪れた多くの観客がURCという既成概念にとらわれていないインディーズ・レーベルがあることを知るのである。

そのURCの会員も当初千人だったのが、あっという間に口コミでふくれあがり、発売元のアート音楽出版社は会員数を急遽倍の二千人にしたのである。

わたしはこの時期に五つの赤い風船のステージを初めて見たのだが、大げさに言わせていただければ、その時に、わたしの人生が決まってしまったのである。その時の模様は、拙著『日本フォーク私的大全』（ちくま文庫）に詳しいのだが、重複するのを承知で書かせていただく。何ぶんこれを書いておかないと、わたしとURCの出会い、そして五つの赤い風船に傾倒する過程が失われてしまうので勘弁していただきたい。

アングラ音楽祭ではないのだが、同じ形でもって東京労音が月例会としてのコンサートを催した。

『フォークのつどい』と題されたそのコンサートはアングラ音楽祭が行われたすぐ後の三月十九日、東京渋谷区の渋谷公会堂で行われた。当時の労音コンサートは会員制だったと記憶するが、非会員だったわたしはクラスメイトのS君に頼んでチケットを手配してもらった。

出演者は高石友也、岡林信康、五つの赤い風船、高田渡の四人（組）であった。その頃わたしも例に違わず、多くのフォーク・キッズがそうであったように、アメリカン・フォークに熱中しており、ブラザース・フォア、PPM等のコピーに終始していた。

それがこのコンサートの半年ほど前だから六八年頃のことであろうか、『ボーイズライフ』なる青年向けの雑誌に載っている高石友也のインタビュー記事を読んだ。それまでのわたしと言えば、高石友也で知っている唄は『受験生ブルース』だけであり、コミック・シンガーだという認識しか持ち合わせていなかった。

そんな時、雑誌『ボーイズライフ』の記事が眼についたのである。

そこには《フォーク・クルセダーズも子分に加えている高石友也》と載っていた。

さらに《公園や労働者の飯場などで、ギターを抱えて平気で歌う男、汚れたセーターをまくったりで、とても芸能人とは見えない》、またジョーン・バエズから《お前は日本でもっともフォーク・ソング歌手らしい》と言われたとある。

先を読み進めると高石は、丸山明宏（現・三輪明宏）の歌う『ヨイトマケの歌』を《世界中の歌の中で、ぼくはこの歌が一番好きだ。すばらしいと思う》と言っているのだ。わたしはそれまでに、数回しか聴いたことのなかった『ヨイトマケの歌』であったが、「えっシスターボーイの丸山明宏が歌う『ヨイトマケの歌』が？」と、この唄の本質を見抜けないままに、ただそれを疑問に思って文章を追った。

さらに高石は《マイク眞木なんかは出来あがりのものを歌っているだけでしょ。甘ちょろい。土のにおいがする労働者の歌声、それが真に美しい歌だと思います》とも語っている。「なんだ、この人は？」わたしはなんだかよく理解出来ないままに、そこまで語るのならとにかく唄を聴いてみようと、大阪サンケイホールで行われた、高石友也第二回リサイタルの模様を収録した、『受験生ブルース　高石友也フォーク・アルバム　第2集』なるLPを購入してみた。

そこにある唄はモダン・フォークに傾倒していたわたしに、衝撃を与えた。日本語で歌われる『時代は変わる』『拝啓大統領殿』『橋を作ったのはこの俺だ』等は新鮮な驚きを提供してくれ、わたしはあっという間に高石友也の唄にはまってしまった。その内、どうしてもステージを観たくなり、労音のコンサートに馳せ参じてというわけである。

しかしその『フォークのつどい』で知っているのは高石と岡林だけであった。岡林のことは知っているとは言っても、ちょっと前にテレビで垣間見ただけであった。それは岡林信康を追っかけたドキュメンタリー番組であり、山谷や釜ヶ崎で肉体労働をしながら歌っている人物という紹介であった。わたしはその時初めて岡林信康なる人物を知ったのであるが、そこに高石の姿があった。なぜ岡林という人物の隣に高石がいるのかが解せなかったのだが、わたしは大した興味もないままに裏番組でやっているカントリー歌手、ジョニー・キャッシュのドキュメンタリー番組と交互にそれを見ていた。蛇足だが、実はその時やっていたのがサン・クエンティン（カリフォルニアの刑務所）で歌う、ジョニー・キャッシュの姿であったのだが、その貴重な映像をリピートして観ることが出来たのはそれから四十年後の話になる。

岡林のドキュメンタリー番組では、最後に高石と一緒に『友よ』を歌っている姿があったように記憶する。

高田渡と五つの赤い風船にいたっては名前すら聞いたこともなく、「この人たちは誰だ？」そんな案配であった。『西岡たかし　五つの赤い風船　CD―BOX（二〇〇二・三・六〕』のわたしが書いたライナー・ノートに《前もってなんの予備知識もなかったわたしは、その夜のコンサートで、カルチャーショックと言ってもいいほどの衝撃を受けた。四者四様の唄は、日本語でもって斬り付けてきたのである。それは模倣から脱し、見事に咀嚼し、自ら骨肉としたものであった。それまで、アメリカの模倣を脱し得なかった日本のフォーク・ソングは、まだ稚拙ではあったが独自の手法でもって、ここに開花しつつあるのが感じ取れた》と書いている。

とにかく、そこにはまったく英語の唄がなかった。それまで幾度かフォークのコンサート会場に足を運んだことがあったのだが、英語の唄がまったく聴かれないというのは、その夜のコンサートが初めてのことではなかったであろうか。先の文章に「斬り付けて」とあるが、まさにそれであった。それまでわたしの中にあったフォークはバッサリとやられてしまったのである。とにかく四人とも格好がよかった。コンサートが終わった後、わたしはかなり興奮をしていた。まさに眼からうろこが落ちるというやつである。その夜の四人のステージにすっかり魅了されてしまっていたのだ。高石、岡林、高田はもとより、中でも初めて聞く五つの赤い風船の音楽はそれまで自分の中になかった音でもって迫ってきた。風船の、四人編成というのは既成のバンドにも多く見られたもので珍しくはなかったが、その音は新鮮であり、それは今までまったく自分が接したことのないものであった。そしてわたしはその不思議な魅力に、すでに虜になってしまっていたのである。ただひとつ、「変なグループ名！」と思ったのだけは覚えている。

前出のライナー・ノートに《当初の風船のステージは、その唄とは裏腹に、どちらかといえば暗いイメージであった。もっともそれは、当時のアングラ・フォーク全体が持っていた独特の雰囲気であったのかもしれないが、西岡たかし氏の唄の合間での洒脱な喋りがそれを上手くカヴァーしていた。わたしが風船ファンになったのはその音楽もさることながら、西岡氏のお喋り、また氏の格好に惚れたからである。風船の音楽とはいささか不釣合いな丸縁のサングラスに口ヒゲ、そして黒ずくめの衣装が得もいわれぬ格好良さを感じさせた》とある。わたしは、その時の西岡さんのいでたちを今でも覚えている。黒のジャケットに黒ズボン。黒のタートルネックのセーターというまさに黒ずくめの格好にサングラスであった。余談だが、わたしがメガネをかけ髭を生やしているのは誰あろう、西岡さんの影響なのである。実はわたし、近眼ではない。近眼でないどころか、ちょっと前まで左右とも視力は2・0であった。ちなみに今は老眼ですが……。とにかく、それほどまでに影響を受けたのである。

次の日わたしは学校でバンドメンバーを集め、昨夜のコンサートの興奮を語り、

「今日から日本語で歌う」と宣言をした。

また、そのコンサートでURCと呼ばれる会員配布のレコードがあることを知ったわたしは、親からもらった昼飯のパン代を削り、小遣いを貯めどうにかその会費を払うことが出来た。しかし金を貯めるまでに二カ月を要してしまい、他の会員より出遅れた形になってしまった。その二カ月の間、わたしが執拗に「風船、風船」と口にしたわけでもないとは思うのだが、バンドのS君が「五つの赤い風船をラジオでやっていたから録音してきてやったぞ」と、『遠い世界に』が入ったテープを手渡してくれた。「失くさないでくれよ」と断わりを入れられたそのテープを借りて、何回となく聴いた……いや、何十回となく聴いた。世の中にこんなに素晴らしい唄があるのかと……。たぶんそのテープはまだ我が家のどこかにあるかもしれない。S君心配しないでくれ、失くしてはいない。

URCのレコードが届いてからというもの、とにかくそれを飽くまで聴いた。そして家に来る友人すべてに聴かせた。挙句、わたしの周りは、あっという間にURC信者で一杯になってしまったのである。

アングラ・フォークの台頭と相まって、話題になるURCであったが、ついに会員制だったURCも『URCレコード』として、契約を結んだ特定のレコード販売店での市販に踏み切るのである。それが六九年八月のことであるから、第一回配布からわずか半年の間にすでに状況が変わってきたわけである。

市販の第一弾としての新譜は西岡がディレクションをし、サイドメンとしても参加をしている岡林信康の『わたしを断罪せよ』と、五つの赤い風船の『おとぎばなし』であり、コンパクト盤として『新宿1969年6月』が発売された。また会員配布であったLP『高田渡/五つの赤い風船』、シングル『イムジン河/リムジンガン　ミューテーション・ファクトリー』『くそくらえ節/がいこつの歌　岡林信康』も同時に発売されるのである。ということは、なんと半年の間に、五つの赤い風船のアルバムは二枚発売されたことになる。

この頃になるとアングラ・フォークのブームにともない、風船もかなり忙しくなっていく。

――初期の頃はステージが過密でしたし、その間にレコーディングが挟まって来るじゃないですか？　一年に二枚のペースはやっぱりきついですよね。作詞作曲も自分じゃないですか、でもまあ、それが楽しかったという時期でもありましたね。ありがたいけど、ツアーが長く続くとさすがにきついですよね。

きついけど、決してそれは苦ではなく、むしろ楽しかったと語る西岡だが、人気も高まり、ブームを迎えて忙しくなり、五つの赤い風船は関西フォークの中にあって、高石友也、岡林信康、高田渡と並んでその名は知れ渡っていくのである。その時の自分たちに戸惑いはなかったのだろうか？

――それはなかったですね。結構階段をゆっくり上がって来たというような形でしたからね。突然ポ～ンッ、とじゃないですからね。レコードなんかの話は突然でしたけれど。

西岡は、「風船は練習をしないグループです」と常々言っているが、そのあたりはどうだったのであろうか？

――しない、練習なんかしない。五つの赤い風船のレコーディングって、一発録りみたいなものばっかしなんですね。

レコーディングがあるたびに音作りのために合宿をして、一発で録れるって形まで練り上げてしまうんですよ。だからレコードに入っているものは即ステージで出来てしまうんですよ。そのまま演奏が可能だったわけです。レコーディング前に完成しているから、レコーディングに対する練習がそのままステージの練習にもなっているわけですから、演奏もそのまま出来てしまっているわけなんですよ。

その頃になると、メジャーのレコード会社もフォークは商売になると本腰を入れるようになってきていた。当初は音楽と言っても、学生の遊びのようなものであるから、売り上げもそれに準ずるぐらいあれば――あわよくば、化けて売れてくれでもしたら御の字だ、その程度の考えであった。

稚拙な歌唱、弾き語りのような唄は、いずれ時間が経過すれば、熱も冷めるだろうと当初は冷視していたのである。要するに年端もいかない若僧が、自作自演するフォークなど眼中になかったのである。

とてもじゃないがグループ・サウンズの時代のように、若者がこぞって「グループ・サウンズ、グループ・サウンズ」と同じ方向に向くようなことはないだろうと高をくくっていたのである。

若者が熱狂したロッカビリーにしても、ＧＳにしても、そのほとんどが外国曲の焼き直しであるか、もしくは作詞作曲を職業とするプロが委ねたものであった。フォーク《・》も最初は同じであった。いい例がマイク眞木の『バラが咲いた』である。マイク眞木の歌う唄はオリジナルも多かったのだが、売り出すにあたっては素人が作ったものということに対しての不安があったのであろう。そこで、ヒットメーカーである浜口庫之助に白羽の矢を立てた。それは完全に若者側の音楽であるかに見せてはいたが、ヒット曲のほとんどがメジャーである作家の手になるものであったことを見過ごしてはならない。フォークはまだまだ甘く見られていたと言ってもいいのかもしれない。

マイク眞木は『ミュージックライフ六六年九月号増刊　FOLK　SONG』の中でそのアマチュアとプロの差を、《浜口庫之助先生もいってたんですけど、アマチュアっていうのは、船にたとえれば細い船で、波をけ立ててものすごいスピードで進んでいく。だけどお客はあまり乗せられない。しかしプロは、早いスピードではないけれども、やはり波をつき破り、もう少しお客さんを乗せて航海を続けられると、そういうふうにいっていたんですけどね》と語っている。

しかし、プロが作るフォークは確かにフォーク調ではあるが、そこにフォークを売らんがための策略があるとすれば、それは決してフォークではなく、見せかけのフォークであるということを言っておく。

前出の『ミュージックライフ六十六年九月号増刊　FOLK　SONG』の中で藤井肇が《これから先も純日本製フォーク・ソングが沢山生まれることも必定（原文のまま）ですが、何も専属の先生（筆者注・文章から拾うと、浜口庫之助、いずみたく、佐藤勝）ばかりでなく、ズブの素人の皆さんだって自由に作れるのですよ。無名の新人の中から傑作が生まれるかもしれません》と書いている。

そのズブの素人がプロの領域を席巻し始めるのである。

メジャーなレコード会社がアマチュアの稚拙な唄だと考えていたものが、アングラ・フォークの台頭でもって売れると踏んだのである。その根底にあったものはやはり、『帰って来たヨッパライ』という存在感のあるビッグヒットであった。しかしあのヒットは偶然がもたらしたものであり、一過性のものだと思っていた節があったのだが、その考えが変わってきたのである。

大手のレコード会社は手のひらを返したように、まだ完全に出来上がっていない、ギターなどはさわれる程度でいい、言わば発展途上にあるぐらいのフォークのほうがいいと躍起になって、そうしたフォーク・シンガー、フォーク・グループを探すようになっていくのである。

いち早くアングラ・フォークに眼をつけたのが、東芝とビクターであった。これは共にURCの秦と親交のあったレコード会社であった。それまで東芝はフォーク・クルセダーズのレコードや、一連のカレッジ・フォークを発売していたし、ビクターは高石と岡林のレコードを出していた。ビクターは早速、SFシリーズを立ち上げ、URCの音源を下地に、岡林信康と五つの赤い風船のレコードを出すのである。しかしメジャーからの発売ということで、レコ倫にひっかかるような反社会的である唄は収録されなかった。そうは言ってもどうにかこの時期になって、自分で作り、歌い、演奏するシンガー・ソング・ライターの形がついに根ざしてきたのである。

五つの赤い風船の人気は日を追って高くなり、全国のコンサートに呼ばれる忙しい日々を送るようになってきていた。

ビクターからシングル・カットされた『恋は風に乗って／遠い世界に』のヒットもあり、風船の音楽はフォーク・ブームの中においてアングラから脱し、茶の間にも流れるようになっていくのである。このシングル・カットされたレコードのことを西岡は「ただアルバムからまんま抜いただけなんだけど、さすがに犬のマーク（注・ビクター）の時は格好いいなって感じがありましたけどね。胸を張って親に見せましたもん（笑）」と語っている。

もっとも時流に乗って忙しくなってきたのは、風船だけに限ったことではなく、高石音楽事務所に所属するミュージシャン全体に言えることであった。そして一九七〇年ビクター音楽産業の『五つの赤い風船　フォークアルバム第1集』は、ビクターのヒット賞を受賞するのである。

その頃高校生であったわたしは仲間をつのり、風船の唄のコピーを始めていた。今まで一緒にモダン・フォークのコピーをやっていたクラスメイトもわたしに感化されて、言われるままに何曲か風船の曲もやっていた。弾き方も分からないのに銀座の山野楽器でオートハープやグロッケンなどを買ってしまった。

そう言えば、この山野楽器の四階で風船のミニ・コンサートが開催されたことがあった。いや、正確に言えば、風船のコンサートが開催される予定であった、という表現になるのであろう。

六九年六月十五日銀座山野楽器の小ホールでビクターのシングル・レコード『恋は風に乗って／遠い世界に』のキャンペーンの一環なのであろう、風船のミニ・コンサートが行われようとしていた（高石友也を撮った水野イサオの写真展がメインで、十三日が高石友也、十六、十七日が岡林信康のコンサートが行われ、後援はビクターであった）。

わたしはメンバーのサインをもらおうと、楽屋に風船を訪ねた。そこでは中川イサトがテーブルに色紙を並べ、それに全員のサインを書いていた。「あれっ？」とイサッちゃんの顔を見ると、彼はあわてた様子で、「いや……ほらっ、みんな他のことやっているから」と弁解がましいことを言いながら「みんなのサインもらってやるよ」と、風船の面々に声をかけてくれた。今もそのサインは手元にあるのだが、考えてみればイサッちゃんが全員の代わりにダミーで書いた色紙ももらっておけばよかったと後悔をしている。それはそれで、今となっては価値があるだろう……ないか？

わたしはサイン色紙を手にして、嬉々として開演の時間を待っていた。しかし開演間近になって、学生のデモ隊が日比谷方面から近づきつつあるとの情報が入り、あえなくコンサートは中止となってしまったのである。山野楽器の係の人が、早く外へ避難して下さいと言ってみんなを誘導するのだが、非難するなら外じゃなくて、その場所に待機させてデモ隊をやり過ごすのが普通だろうとは思ったが、急かされるままに外へ出た。

山野楽器はあわてて客を外へ促すと、デモ隊に備え大急ぎでシャッターを閉めてしまった。風船も山野楽器から出されて、しばらく楽器ケースを抱えたままデモ隊がやって来ると聞いた日比谷方面を眺めていたが、やがていずこかへ向かって去って行ってしまった。わたしはその様子を少し離れたところから見ていたのだが、その時初めて西岡さんがサングラスをとった素顔を見たのである。

「ただそのキャンペーンで、ビクターとひと揉めあったんよ」とイサトは言う。

「西岡さん、デビューしたばかりやん。それなのに、あの真っ黒なセーターにジャケットそれでサングラスやろ、しかもポケットに手突っ込んで……。いきなり部長が怒りだしたんよ、『君ら新人やろ！』って。「オリコンの小池聰行社長にも『何やお前ら！』って怒られていましたよ。それでオリコンが嫌いになっちゃった（笑）」

まあ、これは分からないでもない、当時のアングラ・フォークの人間は反骨精神の塊で、だからURCからレコードを出したんだという自負心のようなものがあった。キャンペーンなど決して自分の意図とするものではないし、まさか歌謡歌手のようにキャンペーンに回らされるなどとは思ってもいなかったのである。大手のレコード会社の売り上げに協力はしてあげたいが、そうした気持ちと、自分たちのやってきた反骨に対するギャップを禁じ得なかったのである。しかし、そこで駄々をこねるのも大人気ないと、仕事の一環だと割り切って出て来たわけである。言ってみれば無理矢理連れ出されたようなものである。そこでペコペコ頭を下げるなど、自分の方向性に反することになる。いつもどおりでいい、いや、いつもより突っ張っていないと……。

高石友也が『11PM』に出演した時、出演者全員がスタジオのソファーに車座になって座り、他の人の唄を聴くという番組の趣旨であった。しかし高石は自分の姿がテレビに映し出されているにもかかわらず、遠藤賢司以外の流行歌手が歌う時はずっと下を向いたまま文庫本を読んでいた。

吉田拓郎は小売店周りのキャンペーンの時、まったく力なく、気の抜けたような歌い方をし、ただ時間を消化しているようにしか見えなかった。わたしの家の近所にあったレコード屋のオヤジさんは「あいつのレコードは今後一切売ってやらない」と、怒り心頭だったのを思い出す。

そうしたことがフォーク・シンガーの姿勢であり、ささやかな抵抗でもあったのである。

《その頃のわたしは、見た目も西岡氏の格好を極力真似しようと、高校生だったのでヒゲは無理だとしても、同じ格好の丸い形のサングラスを手に入れた。氏の載っている雑誌を買い漁っては、ジャケットや靴まで同じような物を手に入れ、モカシンを履いている写真があればモカシンを、スリムのジーンズを穿いている写真があれば、流行とは関係なくそれを穿いた。七〇年のフォーク・ジャンボリーで見たチューリップハットも然り、後に九州ツアーで一緒になったとき、西岡さんがパイプを手にしているのを見て早速パイプを買ってきた。『西岡たかし　五つの赤い風船　CD—BOX』》

六九年八月一日、五つの赤い風船のセカンド・アルバム、『おとぎばなし』が発売される。これはそれまで西岡が書き溜めておいた曲を選曲したものであるが、ファースト・アルバムの音を風船独自の音とするならば、そのニオイがするのは『まぼろしのつばさと共に』『時計』『まるで洪水のように』『おとぎばなしを聞きたいの』の四曲である。他の唄は、かなりファースト・アルバムとは違った趣になっているのが分かると思う。西岡が詩を朗読する形の、『私は深い海にしずんだ魚』『めし屋』。中川イサトがソロ・ヴォーカルをとった『一滴の水』。長野隆が自作の『叫び』でヴォーカルをとっている。『母の生まれた街』だけは、このアルバムのために西岡が書き下ろしたものだが、風船以外のメンバーとしてジャックスのメンバー（木田高介、つのだ・☆ひろ〈現在☆〉ひろ、谷野ひとし）の名前が見られる。

西岡は《作品の中では初めてリズムセッションにドラムを置いた曲です。わたしはそれまでとりたててリズムを感じない曲を作ること（たとえば雅楽のようなもの）に専念してきたのですが、ロックのドラムに魅せられて入れたのです。この時加藤和彦君が遊びに来てくれていて、彼も乗ってしまい12弦ギターを弾いてくれたのです。ジャズとロックとフォークとわたしの中間を作り出してみたかったのです。詩がこれまでの作り方と違いテーマも違っていたことからこんな曲が出来あがったと思います》と書いている。

イサトは先に「わたしが風船のニオイがする曲」と書いた四曲に対して、「そう、それが風船の音やし、他の曲は風船で出来る曲やなかったんよ。つまり、フーコちゃんがハモれる曲というような、元来の風船の音と違ってたんや。だから、風船の音ではないアレンジになってしまった」と語る。

民族音楽に造詣の深い森田純一が『日本ロック&フォーク　アルバム大全　1968―1979』と題した書籍の中で『おとぎばなし』の西岡に対して《西岡たかしと尾崎豊は、曲調・歌詞　時には歌い方そのものまで非常によく似た性格を持っていると思う。（中略）社会と自己との矛盾・対立性を自己を傷つけることで照射することでは、尾崎豊の方が短気だったが、時代こそ違えど、両者とも社会の亀裂を映し出す強力なシンボルとして機能していたことか。音楽と政治が一緒くたに語られていたということでは、西岡の時代の方が幸せだったのかもしれないが》と、個人的な面白い見方で尾崎豊と対比させている。

第五章

中津川フォーク・ジャンボリーの狂騒

セカンド・アルバム『おとぎばなし』が発売され順風満帆であったはずの風船に、一大事件がまき起こる。

八月一日のアルバム発売からひと月と少々たった六九年九月十一日、関東周辺を演奏旅行中の風船であったのだが、越谷のコンサートを最後に中川イサトが急遽風船をやめていくのである。

十一日から一日置いた十三日、秩父労音で行われたコンサートの貴重な音源が残っている。つまり、イサトが抜けた後、三人での初めてのステージということになる。まずは西岡のギターと長野のベースで、『恋は風に乗って』から始まる。『血まみれの鳩』などは、イントロや間奏は西岡のリコーダーとベースのみで、唄になるとバッキングはベースだけになり、藤原とのハモリで唄を聴かせる。

西岡はその時舞台の上で、

「え～、大変今日はですね、わたくしども五つの赤い風船としてはドキドキしているわけでして、本来ですと五つの赤い風船というグループは四人いて五つの赤い風船という名前なんですけど、今日はそれにまた輪をかけまして、三人でっていうことになったんで、一昨日まで（イサトと）一緒にやっていたんですけど、ちょっとおうちの方で悪いことが起こったそうで、帰ってしまったんです。それで三人ですけど、頑張ってやりますので、どうも」と、苦肉の策で語っている。

「ちょっとおうちの方で悪いことが起こったそうで、帰ってしまったんです」これはどうにもお茶を濁している言葉としかとらえようがないのだが、四人で音を固めてきた風船から、イサトのギターがなくなるのはメンバーとしても、あまりに思いがけないことだったに違いない。なぜイサトが急にやめてしまったのか、その模様を西岡が語る。


――ボクなんかはレコーディングのたびに新しい楽器を事務所から買ってもらっていたんですよ。だけど、イサトも今回のレコーディングでギターを買ってやるというようなことを言われたみたいで、その新しいギターが嬉しかったんでしょう、コンサートに持ってきて離さないんですよ。すでにステージの音は作っていたので、リコーダーの時はこれ、オートハープを持った時はこれって全部決まっていたんですよ。ガットギターの曲は、ガットギターでやるというのがちゃんと決まっていたんですよ。ところがイサトは新しい鉄弦のギターでやると急に変えたもんだから……言っても聞かないし。それでボクも頭にきちゃって、「出来ないんだったら、クビだから帰れ」って言ったんですよ。

元来イサトはフーコちゃんとは仲良しのはずなんだよ、昔から一緒にやっていたんだからね。だけどフーコちゃんもそっぽ向いちゃっているんだから。イサトも彼の立場としては、フーコちゃんだけは味方してくれるだろう……誰か応援してくれるだろうって気持ちがあったんだろうけど。誰も味方してくれないから、最後は「お前ら、俺は知らないよ〜」って……結局、すねて帰りましたよ。

これに関しては、当然イサトにもいい分があるだろう。片やイサトが語る話はこうである。

——その日演奏が終わって、楽屋へ帰ったら怒られたん。「なんであの曲をガットで弾かんかったんや」って。すったもんだの挙句「お前やめ！」って言われたから、売り言葉に買い言葉やから「ほんなら、やめます」ってね。

西岡さんは俺が鉄弦の新しいギターが気に入って、そのギターでやりたがったって言わはるやろうけど、鉄弦のギターでやりたいとかいうんじゃなくて、アマチュア時代からガットはイヤやったんや。音色も違うやん。好きな音とやっぱり違うやん、未だに嫌いやけど（笑）。それで我慢してやっていたんやけど。その日はちょっと反逆してやろうかと思って、買ってもらったギブソンのギターでステージをやったんや（笑）。

西岡さんは風船のガットギターでやる曲は、ガットギターでやるというのがちゃんと決まっていたと言うけど、ガットは嫌いやったんや。冬場コンサートを回ると、ナイロン弦って伸びるやん。室内で合わせてもステージ出るとベロベロになるんや。ステージでチューニングに時間かけるの嫌やん。

それと西岡さんが持っているオートハープもチューニング狂うんよ。両方狂うわけやもん、ステージで何度恥をかいたことか……『遠い世界に』がそうでしょ。ガットとオートハープやもん。それがずっと残っていてトラウマになっていたん。

それで反逆したら、終わって怒られたわけよ。「やめっ！」って言われて「やめる！」って。で、その日に帰ってしまったからね。長野、フーコちゃん全然知らん顔やったな（笑）。冷たい奴らやなって（苦笑）。でも西岡さんも困ったのは事実だと思うな。まだその頃の風船って上がって行く前ですからね。

まあどちらにしても、要するにイサトが西岡の怒りを買ったということは間違いないようである。誰もなだめすかしてくれなかったというのが、どうにも冷たいと言えば冷たいが、しかしそこで引くこともなく、本当に帰ってしまったイサトも負けん気が強いというか……。

そうした経緯でもって風船は、西岡、藤原、長野の三人になってしまったのである。藤原が「わたしがギターを弾く」と言い出したが、西岡は彼女のギターでは心もとないと、それを良しとしなかったという。

ところが、それを聞いたイサトは「フーコちゃんのギターはダメじゃないよ。だってフーコちゃんギター弾けるやん。学生時代から弾いていたから、上手いんよ。いざとなったらフーコちゃんが弾けばええんよ。『血まみれの鳩』とかね」と首をひねる。

あれっ？　話がどうもおかしい。

――さすがに困ったけども、ベースがあって、リコーダーで、ハモって……頭の中に音楽鳴っていますからね。ボクらの練習方法は変わっているんですよ。ハモはハモだけとか、器楽は器楽だけとかの練習方法だから、困らないんですよ。お客さんは分からないですけどね（笑）。その間、アレンジを新しく練り直そうとかは考えなかったんですよ。フーコちゃんも出来ないとも言わずにやっているんですよ（笑）。

西岡の言葉の中に、「さすがに困ったけど」と「困らないんですよ」という、反対を意味する言葉が混在している。さてどちらが本当の気持ちだったか、困らないはずがないと思うのだが……果たして西岡の真意のほどはいかがだったのか……。

実は「困らないんですよ」の言葉とは裏腹に、当時西岡はある雑誌に《ボクはどうしょうもなかった。ひとりいなくなってもならない……。危ない綱渡りの組み合わせだったからである。彼がいなくなった次の日も、コンサートは続いていた。あきらめていたボクに藤原秀子と長野隆はなんとか三人でがんばろうといい出した。だがサイドギターのいない演奏は考えられなかった。だが、それ以上にふたりはハッパをかけた。次の日の会場では考えられないような演奏が始まったのである。（中略）その苦痛から藤原秀子はギターを持って歌うようになり、ボクはギターから離れることが難しくなっていた》と書いている。やっぱり困っていたのだ。

実はその頃、三人になってしまった風船のために、西岡はそれ用のテーマ・ソングを作っているのである。

《風船が三人になってしまった。それじゃ三人でやるか！　ということになり、それなら新たにテーマ・ソングをという事になったのです。それまで「五つ」っていう事からグループの人数が問題になったのです》

五つの風船

五つの風船は誓いの言葉
その赤い色はあなたの血潮
一つの風船は　愛の印
一つの風船は　涙のしずく
君が見た夢の中
五つの風船は　誓いの言葉

五つの風船は空しい叫びか
その赤い色はむくわれぬ日々
一つの風船は　悲しい言葉
一つの風船は　忘れた涙
君が見た夢の中
五つの風船は　誓いの言葉

ラララ……　ラララ……
そして今は　最後の一つの風船は
いつか君の心のふるさとのうた
君が見た夢の中
五つの風船は　誓いの言葉

「五つの風船は　空しい叫びか　その赤い色は　むくわれぬ日々」と、その個所を見ればなんとなく三人になってしまった悲哀のようなものを感じるが、それはたぶん思い過ごしであろう。無作法なこととは承知だが、ハッキリ言ってそれらしい言葉を羅列しただけで、あまり推敲を重ねたとは思えない詞である。なんとなくやっつけ仕事のようにも思える。それを西岡さんにぶつけたら「おっしゃるとおり（笑）」と肩透かしを食ってしまった。しかし残念ながら、わたしはこの唄を聴いたことがない。

イサトは風船をやめるとすぐに、金延幸子、松田幸一、瀬尾一三と一緒に秘密結社○○教団「愚」を結成する。シングル盤『あくまのお話／マリアンヌ』が六九年十月にURCから出るのだが、なんとその『あくまのお話』は西岡が提供した曲なのである。まあ、言ってみれば喧嘩別れした西岡とイサトである。その時点で西岡の曲を使ったりすることに抵抗はなかったのだろうか？

——風船をやりながらも、金延幸子とかの演奏は手伝うたりしてたんや。それで音源作るって話になったんやけど、当時知っているレコード会社と言えばURCしかないやん。それでボクら持って行ってもレコードにならないんよ。それで西岡さんが間に入ってくれて……いろいろ段取りしてくれはってん。

イサトはそう語るのだが、西岡の記憶ではイサトは大阪に帰ってからしばらくして西岡を訪ねて、金延、松田、瀬尾とでグループをやることを、ちゃんと西岡に報告しに来たと回想する。その時に曲を頼まれたらしい。

「風船にもどってもらうとか、そんな話はなかったんですか？」と西岡さんに訊くと、

「まあ、あんなことがあったから、風船はわたしが指示を出していたから、風船のアンサンブルに参加することは無理だったけど、人間的としてはイサトに問題はないから。だから、すぐに新しいグループ作って、イサトにとってはよかったなぁって思っていましたよ」と返ってきた。

ちなみに当時のスクラップブックを見ていたら、その中に面白い記事があったので紹介しておく。読売新聞、六九年十二月十二日の記事である。

《薄よごれた畳の四畳半。けい光灯にくくりつけたマイク、押し入れからはみ出したフトン。

大阪市北区兎我野町の高石事務所の一室で、四人の若者がレッスンを繰り返している。メンバーの名前は「愚」。「ぐ」と読む。「人のために歌うほど立派じゃない」という意味だそうだ。

元サラリーマンの中川砂人君（二三）関西大学四年生の瀬尾一三君（二二）神戸学院大を中退した松田幸一君（二二）喫茶店でアルバイトをしながら歌の勉強をしていた金延幸子さん（二一）お互い「偽善はきらい」という一線でかたく結ばれている》と、ものすごい結束力を感じさせる文章だが、愚は短期間で解散をしてしまっている。

現在中川イサトは、新生五つの赤い風船として西岡と一緒に活動をしている。そして、今のイサトは押しも押されもしないギターの第一人者である。「風船を抜けてから、相当練習したんですか？」と質問してみた。

イサトは風船当時を振り返って、こう語っている。

——風船って、形決まってるやん。あまり即興とか出来ないやん。抜けてから自由になって、相当いろいろな音楽聴いたんやなかったかな？　風船やってる時って、PA（電気的な音響拡声装置）とかなかったやん。そやから右手でしっかり弾かんと音拾ってくれへんやろ。とにかくステージでもマイク一本での勝負やから。環境が悪かったから、反対にずいぶん鍛えられたんやな。ラッキーやったな。

さて風船だが、一カ月ぐらいは三人でそれまでに決まっていた動かせないスケジュールをこなし、コンサートに出演していたが、十月十日、奈良のバンド、アップルパミスというグループから、ベースを弾いていた東祥高が参加してくることになった。アップルパミスのメンバーは東祥高、おおたぼう、村上津、福原克巳の四人組であったが、東が抜けたことでアテンションプリーズと名前を変え、七〇年四月、URCからシングル『こもりうた／私が一番きれいだった時』を発売している。

さて東祥高だが、ある本では西岡が引っ張ったということになっているが、当の西岡に訊くと、「う〜ん、今井さん（マネージャー）が見つけてきたんじゃないのかな？ 会社としてはこのままじゃ稼ぎにならないわけだから、困るんですよ。とにかく代わりを入れろってことで、会社に言われたんじゃないですかね」と、今ひとつハッキリしない様子で首をかしげる。

風船が三人になってからひと月、どうしても断ることの出来ない六本の仕事をこなしたが、三人の風船ではやはりブッキングに支障をきたしており、事務所としては新しいスケジュールを切ることが出来ない状態であった。

そんな中、風船に東祥高が参加したことで、事務所としては胸をなでおろすのであるが、当事者、特に西岡にとって新しいメンバーの加入は、今までの風船とは明らかに違うサウンドをもたらすことになるのではないかという懸念はなかったのであろうか？　それまで風船の音は西岡が中心となって、他のメンバーを支えて作り出してきたのである。そこに今までと違う音が入ってきたら、風船のカラーが変わってしまうのではないか、そんなまごつきを覚えることはなかったのであろうか？

——変わった、変わった。でも従来の曲はちゃんとやってくれましたからね。彼が入ってから、やっぱり変化はありましたね。今までの風船にはない、外からの影響ですからね。

あの人が偉かったのは、ものすごく練習したんですよ。音楽的センスはボクとはまったく違うんですけどね。練習はものすごくやったし、それもわたしに隠れてね。風船のあいた穴を埋めるってところに対しては、努力家でしたよ。ヴァイブも初めてだったんじゃないかな、あとから相当練習したみたいだよ。彼が、キーボードとか弾いていたとか聞かなかったもん。

西岡が言うように、実際東が短期間で風船の音をつかむまでの、その努力は並大抵のことではなかったと推測される。しかし、西岡の記憶にあるように、マネージャーが東を見つけてきたとしたら、西岡はそれをすんなりと受け入れられたのだろうか？

——う〜ん　否定的ではなかったですね。とにかく人数が足りないんですからね。会社から言われて、あれは嫌だとか、これは好きだとか言っている場合じゃないんですよ。会社がやってくれるんだったら助かるって感じですから。それに東は人も良かったですからね。嫌味なところはないし、頑張ってくれたし。今井さんが陰でいろいろ頑張ってくれていたのかもしれませんね。

とは言うものの、東が風船に参入した六九年の翌年、七〇年三月にはサード・アルバム『巫OLK脱出計画』が発売されるのである。発売の七〇年の三月から東が風船に参加した六九年の十月を逆算すると、五カ月前のことになる。レコーディングは発売の数カ月前に終わっていなければならないわけだから、東は風船に入ってからすぐ、本当に短期間でレコーディングに臨んだことになる。

新しい風船は十一月二十七日から十二月一日まで、山口県の萩でレコーディングのために合宿に入る。

——そうですね。レコーディングが決まると、練習のために合宿して、というスケジュールも決まってきますからね。それを全部会社が決めるんですが、それに合せて逆算して作曲しますからね。

わたしは西岡に、「曖昧だとは思うんですけれど、風船はいつ頃からプロになったって意識がありましたかね？」と訊いたことがあった。わたしはてっきり、「最初のレコードが発売になった時」あるいは、「それに伴って仕事が増えてきた時」そんな答えが返ってくると思っていたのだが、西岡の答えは意外だった。

――スケジュール的には確かに一枚目のアルバムが出て、人気が出てきて、それまでとは違って全国的になってはきましたけれども、意識的にはまだアマチュアでしたね。そもそもプロになりたいって意識などない状態で始めていますから、適当にやったら逃げ出そうって（笑）。

でも、確かにレコーディングは一つの区切りになっていますけどね。まあ、一般的にプロになったというのは、その時点でということなんでしょうけど……まあ実際、そこからスタートはしていますけどね。だけど、プロなんだという自覚もないし。しかも、そんなに沢山のスケジュールをこなしていたわけじゃないんですよ。全国的じゃなくて、まだ部分的だったんですもの。

プロみたいな感じで仕事始めたっていうのは、やっぱり東さんが入ってからですかね。東さんが入って、さあやるぞって感じになったんですよ。全国的にスケジュールも決まってきているし、抜けられないぞって感じになりましたよ。

東が風船に入って「やるぞ」と奮起すると同時に、スケジュールがつまってきた。西岡はその時にやっとプロとなった意識を持ったと語るが、風船の名前がついたのが六七年である。そして六九年にファースト及びセカンド・アルバムが発表される。その六九年に東が風船に入る。足かけ三年、それまでプロという意識はなかったと言うのか？ 何か、西岡の考え違いではないのだろうか。

そこで、わたしは自分がプロ意識を持ったのはいつ頃だったか考えてみた。フォーク・ジャンボリーの実況録音盤に、アマチュアとして自分の唄が収録されたのが七〇年と七一年の両年である。しかしその時のわたしはプロを目指しているわけではない、高校生であった。ファースト・アルバム『万年床』を出したのが七二年のことである。その時わたしはプロという意識も持っていただろうか？ いや、持っていなかった。とてもじゃないが、趣味の延長などで飯など食えるなどとは思っていなかった——そんな甘い世界だとは思っていなかったのである。

ではいつ頃？　う～ん七三年、セカンド・アルバム『葛飾にバッタを見た』を出した頃であろうか？　するとわたしも西岡さんと同じことか……待てよ、他のシンガーたちはどう答えるだろうか？　流行歌歌手なら間違いなく、初めてのレコードが発売されたとき、と答えるだろう。しかしフォーク・シンガーはおそらくそうは答えないだろう。アマチュア時代から歌い、プロになったという確固たる境界線がない上を歩いて来たからである。

そこで本編から横道にそれることを勘弁してもらい、「いつプロになった意識を？」ということを他の人にも訊いてみようと思い立ったのである。これは西岡さんとわたしだけのことであろうか、他のフォーク・シンガーはいかなる意識を持っていたのか、これはなんとも興味深い。まずは大塚まさじ氏に電話をしてみた。

大塚まさじは一九七〇年、西岡恭蔵、永井洋等とザ・ディランを結成して、西岡恭蔵が脱退した一九七一年四月に永井洋と二人でザ・ディランⅡを結成して、六月にデビューシングル『男らしいって解かるかい／プカプカ』をURCより発表、また一九七二年二月にはアルバム『昨日の思い出に別れを告げるんだもの』を、やはりURCより発表している。

「プロになった意識？　う～ん、ソロになって『遠い昔ぼくは…』を出した時かな？」

ちょっと待てよ、ザ・ディランⅡを解散して、ソロになってフォノグラムからファースト・アルバム『遠い昔ぼくは…』を発表した時というと、一九七六年三月のことである。レコード・デビューしてからすでに五年たっており、すでに五枚のアルバムを出している。わたしは思わず「本当？」と声に出して訊いてしまった。

「ああ、ザ・ディランⅡの時は、唄で飯食うという気持ちはなかったもん。不安定な気持ちで、プロへ行くためのものが見えなかったから……。解散した時に自分を白紙に戻すいい機会だと思って、田舎に帰ろうと思っていたんだ。他にやりたい、仕事もないし……。で、途方に暮れているとき、ゾウさん（西岡恭蔵）が背中押してくれたんで、踏ん切りがついたんかな。それがソロ・アルバムにつながって、プロでやって行こうって気持ちになったんかな」

ほほう～、これはなんにしても面白い。まさじも同じような気持ちでいたということか？　よ～し、もうひとり行ってみるか。ということで、斉藤哲夫氏へ電話を……。

「フォーク歌手だから歌謡歌手と違って確固たるものがないけど、アマチュアからそのままURCに入って、少なくともその時はプロになったとは思っていなかったけどな。早川（義夫）さんに言われて曲を書いて、歌っていただけでプロという意識はなかったな。音楽は食うものじゃないと思っていたから。『いまのキミはピカピカに光って』を書いて、ユイ（YUI音楽工房）に入って二年間ぐらい給料もらっていたけど、プロという感じではなかったな。う〜ん、プロという意識はソニーに入ってアルバムの『バイバイグッドバイサラバイ』出した頃かな？」と語ってくれた。

『悩み多き者よ』でデビューしたのが、一九七〇年二月であり、アルバム『バイバイグッドバイサラバイ』は一九七三年九月のことであるから、少なくともデビューしてから三年以上はたっていることになる。

話は脱線してしまったが、このことは今回この文章を書いていて面白い発見であった。これから折りあるごとに、いろいろな人に訊いてみようか……なんだかそんな気持ちにさせられた。

六九年に東が風船に入って、西岡が自分をプロと意識し出す頃。その時代というのが、今ちょうど、この文章に登場している時代あたりとオーバーラップすることになる。

七〇年になると、高石事務所は音楽舎へと名前を変える。わたしはその頃表参道にあった東京事務所に足繁く通い、無償で封筒のあて名書きなどをやっていた。

七〇年三月二十七日には京都のシルクホールで、三十一日、四月一日には東京の厚生年金小ホールで『五つの赤い風船リサイタル』が行われる。共にゲストは早川義夫、木田高介であった。東京のリサイタルはすぐにチケットが完売となり、急遽四月二十三日にアンコール・コンサートが予定された。

その日、わたしは学校をさぼって、コンサート会場に足を運び、チケットのもぎりを買って出ていた。そうすることで、もしかしたら風船と接触できるかもしれないと思ったからである。

その時風船はなかなか会場に姿を見せなかった。音楽舎の人をつかまえて「風船、遅いですけど、どうかしたんですか?」と訊くと、「御苑スタジオで練習をしている」と答えが返ってきた。先にあったように、練習をしないということで有名だった風船だが、さすがにリサイタルともなると力の入れようが違っていたのであろうか。

わたしは三月三十一日、四月一日両日、また四月二十三日のアンコール・コンサートも観ている。

日付が書かれていないので分からないのだが、その三日の内のいずれかの曲目を、メモっているので紹介しよう。

第1部
『恋は風に乗って』
『これが僕らの道なのか』
『遠い世界に』
『悩み多き者よ』ゲスト・斉藤哲夫
『遠い空の彼方に』
『一つの言葉』
『まぼろしのつばさと共に』
『もしもボクの背中に羽根が生えていたら』
『小さな夢』
『ささ舟』藤原秀子
第2部
『貝殻節』
＊・缶けり
『砂漠』
『走ってみてほしい』

『時計』
『青い空の彼方から』
『悲しい街角』
『おとぎ話を聞きたいの』
『殺してしまおう』
『どこかの星に伝えて下さい』
『母の生まれた街』
『まるで洪水のように』
『血まみれの鳩』
『遠い世界に』

第2部の『貝殻節』を西岡さんが歌い終わると同時に、わたしはなけなしの金をはたいて買った缶ビールをステージに置いた。それに対して西岡さんは何やらジョークを交えて会場を沸かせたのだが、そのコメントは覚えていない。すると西岡さんはその缶を見て即興で思い立ったのか、前もって決まっていたのかは定かではないが、突然ステージで「缶けりをやろう」と言い出したのである（缶はそのビールではなく、どこからか持って来たと思う)。最初は何のことやら分からなかったのだが、やがてジャンケンで鬼を決め(ちなみに鬼は長野さんであった)、本当にステージで缶けりが始まったのである。三月三十一日にはなかったことだと記憶するのだが、そうなると四月一日か四月二十三日のどちらかということになるのだが……記憶が定かではない。ともあれ、後にも先にも、ステージで缶けりをやったという人たちは見たことも聞いたこともない。

――長い間やっていると飽きるでしょ。だって、ステージで同じことしゃべっているんですから(笑)。でも、毎日違う町に行くわけですよ。毎日違うお客さんなんですよ。こっちは飽きていても、お客さんは飽きていないわけですよ。聴いている人は初めてなわけですよ。だからこっちも新鮮なんですよ。風船っていうのは面白いんですよ、即興でかけ合いやったりとか、その瞬間微妙なところで毎回違うんですよ。リサイタルとなると、やはり同じことをやっているのを見せたくなかったんじゃないのかな?

ともあれ、わたしはフーコちゃんが『母の生まれた街』でピアノを弾くのを初めて見たし、長野隆さんはエレキ・ベースを購入したと語り、初めてステージでエレキ・ベースを弾いていた。また、木田さんが『母の生まれた街』でドラムを叩いたのを見たことも思い出す。あきらかに今までの風船とは違った構成であった。東が加入した新生風船は帆を上げて、見事に大海へ滑り出して行ったのである。

ただ自分としては、ここに書いてある『走ってみてほしい』と書かれている曲を知らないし、今になってもそれを聴いたことがない。そこで、一体そんな曲があるのかどうか、西岡さんに訊いてみたのだが、「そんな曲はないよー。なんか即興でやったんじゃないの?」そんな答えしか返って来なかった。まあそう言われれば、あれ以来『走ってみてほしい』という題名の曲を眼にも耳にもしたこともないのだが、メモにはちゃんと書いてあるのだ。そんな曲がないとしたら、これは一体なんだったのだろう?

このコンサートの模様は、七〇年八月にURCから『五つの赤い風船　イン・コンサート』と題されて発売される。

そのアルバムの曲目と先のメモとの曲目を見比べると、メモの方には『夢見る女の子』『一番星見つけた』『からっぽの世界』などは入っていない。そう考えると、三月三十一日及び四月一日と、アンコール・コンサートでは曲目とゲストを変えたということであろうか？　三月三十一日と四月一日両日のゲストは前掲のように、早川義夫と木田高介である。

四月二十三日のコンサートでは斉藤哲夫と話をしたと当日のわたしの日記にあるから、この日のゲストは斉藤哲夫だったのである（当時、すでに哲夫とは知り合いであった）。そうすると、このメモにある曲目は四月二十三日のものだということになる。つまり缶けりをやったのは、四月二十三日のステージでのことである。

まっそんなに真剣に取り組む話でもないのだが、西岡さんもこの缶けりのことが相当印象に残っているのか、いろいろなところでその話を語っている。そういうことで西岡さん、缶けりをやったのは七〇年四月二十三日のことですよ（どうでもいいでしょうけど）。

それは置いておくとして、西岡はそのコンサートのことをこう書いている。

《いいかげんなことばかりやっていますけど自分たちのやりたいことをボク達はやっていきます。だれが何といおうともやっていきます。でも、どこまでやっていくかわからないのです。たとえば誰かがソロでレコード出すかもしれないし、だれかがどこかで電子音楽をつくるかもしれないし、だれかがどこかで芝居をやるかもわからないし、それからどっかで魚屋さんやるかもしれないし、それはわからない。

でも五つの赤い風船は解散しません　70・4・1厚生年金ホールにて》

「でも五つの赤い風船は解散しません」となぜここでわざわざ断っているのか？　これはわたしの憶測の域を出ないのだが、多分中川イサトが抜けた後、そのようなことを言う人の声が西岡の耳に漏れ伝わったのではなかろうか。しかし、もし三人のままで活動を続けていくのならば、この先行く末が見えてこなければ、当然解散という二文字が西岡の頭の中に去来したことであろう。そんな時期に東が風船の一員になったことで、新生五つの赤い風船が誕生をした。まだまだ頑張れるし、リサイタルも大成功の内に終わった。そこで「解散しません」の言葉になったのではないのかと思うのである。

この時期、西岡は風船とは別のアルバムを出す。なんとなく実験的、と言ってもいいかもしれない『溶け出したガラス箱』なる一枚であり、発売は七〇年十一月のことである。

それ以前も西岡は、会員配布のシングル盤で『ボクを郵便で送りましょう―いやなやつ／退屈なうつり変り―ポケットは空っぽ』『砂漠／森・ふくろう』そんな実験的なレコードを発表している。これはすべて自宅録音である。前衛とまではいかないまでも、なんとも摩訶不思議なレコードである。そのレコードのことを西岡はこう語っている。

——実験的じゃないですよ。違うんだよ、出すものがないから（筆者注・URC会員制当時の配布EP）埋めてくれって発想なんだよ（笑）。ボクはディレクターでもありましたから、URCとして次に出すレコードがないと社長が困っていたら、どうにかしてレコードを出さなければならないんですよ。
で、URCってのは二カ月に一回レコードを出す約束があるから（筆者注・会員配布はふた月毎）、このまま時間がたって間に合わないと約束を守れないってことになるじゃないですか。だからシングルを二枚出すってことが決まっていれば、出さなくちゃいけないわけですよ。それが出せないとなると詐欺になるわけじゃないですか。ところが出す曲がない。そうすると「西岡くん何か作って」ってな具合になるわけですよ。で、わたしが「何でも良いですか」って訊くと、「まかすから、いいよ、好きなもの作って」って言うんですもん。どんな創作でも自由にやっていいって言うんだから、だから好きなようにやろうと……。聴く人が分かる分からないは別として、そういう恵まれた環境にいたんですよ。

そんな程度だったの？　と、いささか拍子抜けであったのだが、イサトは「風船としては歌えなかった唄だったから、西岡さんがひとりでやったんだよ」と語るのである。そうした意味ではアルバム『おとぎばなし』に入っている、詩を朗読するような形の『私は深い海にしずんだ魚』『めし屋』などもバンドである風船としては唄えない曲であることを考えれば、もっともな話である。

『溶け出したガラス箱』は木田高介、斉藤哲夫と三人のユニットで作られた。木田は東京藝大打楽器科を経て、六七年に早川義夫らとジャックスを結成して活躍をする。六九年八月ジャックスを解散してからはスタジオ・ミュージシャンや編曲などをやっていた。

斉藤哲夫は七〇年二月、URCから『悩み多き者よ』でデビューをして、そのインパクトのある詞から、若き哲学者と呼ばれていた。そして西岡の三人なのだが、この三人に加えて加藤和彦、竹田和夫、細野晴臣等多彩なミュージシャンが参加をしている。

どうしても西岡色が強く出てしまっているのは否めないが、しかしなんとも不思議なアルバムである。

――あれは当時意識していた、「ミュージックコンクレート」と言うか絵画で言えば「コラージュ」的な、フランスのピカソ（?）とかあの辺の連中で言う、う〜ん、アップリケみたいなね。画面になんか貼っちゃうみたいな。英語で言う「コンクレート」かな?

それは僕にとって絵の具のようなもので、ボクはカタカナでしか知らなかったけど、まあコンクリートのことでしょう。絵の具でキャンバスに絵を描くように、言葉とメロディを混ぜ合わせるとか、そう言うものをやりたかったんですよ。

それはある意味、実験的音楽である、そうした意味であろうか?

――実験的です。人のやってないことをやる時の楽しみといったら堪らないんですね。誰もまだ気付いていない時に、やるっていうのがね。風船の時もそうですけども、まあ『溶け出した――』もそうですけれども、ボクは一回一回作った曲は全部、一応いろいろなアレンジを試していますけれどもね。試すっていうか、実験ですよね。いろんなことを。音楽的な実験をやっている。だからちょっと未熟な知識で覚えたことなんかをテストしているって言うか、逆に創作しているってことだと思うんだよね。その意味で、風船では出来ないものを自分で唄ってみたいと思ったんですよ。自分以外の人にも参加してもらって、木田高介さんとか斉藤哲夫君とか、それ以外のミュージシャンも含めてね。まあメインのアレンジは木田さんにお願いしたんだけれども、ボクのやるこだわりみたいなものを混ぜて、そういうようなものを作りたいなって、そんな考えが最初にあったんですよね。そうした音楽と言うか感覚が、その後の風船では『時々それは』に発展していくんですよね。

七〇年十一月発売の『新譜ジャーナル別冊「五つの赤い風船」』の中で劇作家の福田善之と西岡は『古今東西諸芸雑話』と題して対談しているので抜粋して紹介しよう。

西岡　『溶け出したガラス箱』なんですがね、評判がすごく悪いんですわ。で、評判の悪いところまでは、よろしいんですけどね。全然売れへんかったと違ごうて、売れてますねん。あんまり評判が悪いから売れてるんかな?

福田　いや、評判から、そのものの良し悪しを決めるんじゃないんだ。ぼくが芝居を書くと、そういう批判をされる。軒並み評判が悪かったのは残っていますね。
西岡　そうですか。
福田　けど、吹き込んじゃったら、自分じゃ聞く気しないって人、あるんじゃない？
西岡　吹き込んだ当初は聞かへんね、やっぱり。なんとも照れくさくって、いとも恥ずかしいというか……。2、3か月すると思い出したように「あ、聞いてみようか」ってね。
福田　なるほど。
西岡　それが一年ほどたったアルバムになると、わりにすなおに聞ける感じ。だから「かなり、ええな」って聞くんですね。
福田　ある意味では、非常に面白いところを行っている気がするんだよね『溶け出したガラス箱』ってのはね。
西岡　ボク個人は、満足してますねんけど。並ではやらしてくれへんことを、やりましたからね。
福田　ぼくも面白かったよ。評判の悪かったというゆえんは、ある程度わかるよ。
西岡　つまり、イージーではないんですよね。そういう意味では、今、あらゆるものが……。

福田　落ち着かないんだよ。
西岡　そうでしょ！　それがね、ふしぎに落ち着かんのが、いいんですよ！
福田　ぼくも、そう思うよ。
西岡　落ち着くとね、なんとも、こう、アホらしいてね。ぼくはこの頃チョクチョク『溶け出したガラス箱』かけて聞くんですけどね。やっぱり「ええで‼」って思って。自分でいったらおかしいけど。いろんな、クロスビーやとかを聞いたあとで、それ、パッと聞いて、そして「これがいい！」と思う。ただ、ミス・プレーやなんかは、いっぱいありますけどね。
福田　『溶け出したガラス箱』の全体のレコードづくりの中に、西岡君と現代の日本みたいな問題にかかわっているのかもしれないね。
西岡　ほんま、息を吸ったり吐いたり出来るようになるのは、今、ボク、音楽の中で感じています。ギター持ったらコード弾く。そういうものも身にしみこんでいるんでね。それ以外に、その人がギター持てば、この音がするってのは、今はもう、どこを見てもないんですよね。そんな音が出払ったというか、ないわけですよ。それとボクは、音楽に関しては、作曲家というのは、いらんような気がするんですけどね、誰かが道を歩いて「フフーン」と鼻歌を歌うとしますよね、その鼻歌が今まであらゆるフレーズを含んでいるわけですよ。幼い頃から聞いているものが、頭の中にいっぱいあって、歩いていると、その組み合わせが別のものになって、自分のものになって出てくるわけですね。そういうのが作曲の作業ではないかと、ボクは思うんですよね。酒屋の兄ちゃんが自転車に乗って「ワアーッ」とわけのわからないことを、言葉もつながらんのに歌っている。それは作曲ですよ。こうなってくると、この先、作曲家というのはまったく必要なくなって、むしろ音響創作みたいなものに発展していくんやないか……。いま、ボク、アマチュア・バンドのクリニックみたいな番組をひとつやっているわけ。そうすると、オリジナル曲、ものすごい多いわけですよね。そのオリジナル曲たるや、まさに、フォーク調なんですわ。そのフォークってんは、旋律の組み合わせを聞いていると、ボクにとってはまったく同じなんですね。どうゆうふうにしたって同じでね。言葉にしても同じなんですね。それ以外の言葉の発展がなくって、何か実験みたいなものがなくなってね。

福田　誰にでも作曲出来るって話だけどね。自然にフニャフニャ歌うところが好きずきってのがあってさ、聞いたメロディのより合わせしか出てこないね。

西岡　いやね、オリジナリティってものが問題でしょ？　かなりオリジナリティが感じられるものと、そこら中にあるものと、どちらがオリジナルかっていうと、ボクは、どっちもって感じがするね。
福田　そら、そうだ。
西岡　だから今、もう作曲家ってのは関係なくって、赤ん坊でも「ワアーッ」って声出しますやろ。泣き方全部、ちがうもんね。そういうのとかオナラなんかオリジナルですからね。

うーん、なんだか分かったような、よく分からないような……。

また、『溶け出した——』でアレンジを担当した木田高介は西岡のことを《アイディアが豊富ですね。頭がパッパッと切り換るところもあるんですが、案外こだわっているところもある。早川義夫は早川義夫でユニークですが、西岡君はヴァリエーションがあるんですよ。その点才能があると思うんですよ》と『新譜ジャーナル別冊「五つの赤い風船」』（七一年）で語っている。

《考えているよりは、どんどんやっているときのほうが、面白い。凝ったときは、ここを入れといて後でどうのこうのと細工する。それで出てくる音を聞くのが面白い》。

つまり西岡は、レコーディングの現場でいろいろ試行錯誤しながら新しいアイディアを出していったのであろう。

《風船ってのは、西岡君が「この曲はこういうふうにやって……」って計算しているわけ。でも、限られたワク内で、やりたいことはやっているわけです。西岡君の考えているフィーリングとを合わせるのをやるわけですが》

そして『溶け出したガラス箱』のことを《考えたとおりのものを、なんでもかんでもやっちゃってゴッタ煮という感じがしないでもありませんね。考え付くだけアイディアを盛り込んで奇想天外なものを作ろうじゃないかということで、やったんです。風船のサウンドとは、まるで正反対の感じでね。西岡君はあれを作る前からメッタメッタのロック作りたいなっていっていたんですよ》と語っている。果たして『溶け出したガラス箱』がロックなのかどうか、その判断は聴き手に委ねるとして、確かに奇想天外なものを作ろうという意欲は感じられる。

その木田を西岡は《彼はボクなんかとは違ってもっと専門的な勉強をしていましたから、はるかに上手い人なんです。フルートでも何でも出来るし。彼は、あの当時の唯一の天才ですよ》と評していた。

七〇年十月、藤原秀子がソロ・アルバム『私のブルース』を発表する。風船の音楽は風船でしか出来ないもの、そして個々にしか出来ないものと分担が見えるようになってくる。しかし藤原のレコードは彼女らしさ、彼女のやりたいことはなんとなく見えてくるが、風船の藤原と比べると何か違和感を覚えるのである。

ここで、フォークを語るには避けて通れない、フォーク・ジャンボリーのことに触れておかねばならないだろう。

全日本フォーク・ジャンボリーは一九六九年から七一年までの三年間にわたって岐阜県恵那郡坂下町（現・中津川市）、椛《はな》の湖《こ》畔で行われたフォーク・イベントのことであり、通称中津川フォーク・ジャンボリーとも呼ばれている。

中津川労音の有志たちの間では、地元でのコンサートをやろうという話が六五年頃から持ち上がっていた。この話を実行に移すべく、近隣の町村の人間たちと手を取り合って「フォーク・ジャンボリー実行委員会」を立ち上げるのである。そして六九年、手作りでのコンサートを主催するにいたる。坂下町で行われたのにもかかわらず、通称中津川フォーク・ジャンボリーと呼ばれるのは、中津川労音が発起人だったからである。

六十九年（八月九日〜十日）のジャンボリーはまださほど知名度も高くなく、主だった出演者も高石友也、上条恒彦、遠藤賢司、高田渡、岩井宏、五つの赤い風船、中川五郎、岡林信康、そんな面々であった。また、映画『若者たち』も会場で上映されたのだが、このあたりがなんとも時代を感じさせてくれる。この第一回のフォーク・ジャンボリーの時に、ジャックスが解散をしている。また高石友也と岡林信康が同じステージに立つのはこれが最後となる。なんと六九年の時点で、師弟関係にあったような二人はそれ以来一緒にならないのである。参加者は二千五百人であった。

アングラ・フォークが台頭してきていた七〇年（八月八日～九日）になると、打って変って観客は八千人の数に増え、出演者（&グループ）も三十名を超え盛大なイベントとなり、観客も全国から中津川を目差したのである。当時高校三年だったわたしは、結構大変な思いをして中津川まで出かけたのを思い出す。

開演までのステージの時間をアマチュアに開放しようということになり、歌いたい人間に門戸を開いたのである。そのアマチュアからプロになったのが京都のバラーズ、ひがしのひとし、東京のなぎらけんいち等である。

風船は八日の六時四十五分頃ステージに上がり、歌っている最中に舞台に照明が入るということも視覚的効果にひと役買い、シング・アウトでもって盛り上がりをみせる、いかにも風船らしいステージを展開して大うけであった。この時の風船だけのステージを録音したＬＰが、七九年六月二十五日にＳＭＳからアルバム『五つの赤い風

船ライブ　中津川フォークジャンボリー』として発売されているほどである。

後にこの日本フォーク・ジャンボリーは、アメリカのウッドストック・フェスティバルの物真似だという声も上がったが、実はウッドストックよりフォーク・ジャンボリーの開催の方が早いのである。ウッドストックは一九六九年八月十五日〜十七日の間に行われた。一方ジャンボリーは六九年八月九日〜十日に行われたのである。このアメリカの歴史的大イベントと比較されたこのフォーク・ジャンボリーであるが、まさに出演者と観客、全員参加型のフォークが絶頂期を迎えるにふさわしい一大イベントであった。遠藤賢司などは、「ウッドストックなんかより、フォーク・ジャンボリーの方が凄かったよ」と言う。これにはわたしも同感である……もっとも、ウッドストック・フェスには行っていないが。

他にこのコンサートで観客受けが良かったのは岡林信康、遠藤賢司、斉藤哲夫、高田渡・岩井宏・加川良のトリオらであろうか。

出演者の中にはフォークのジャンルとは一線を画する、チェコスロバキア・スルク大舞踏合唱団（万博より参加）、村岡実とニュー・ディメンション、浅川マキ、リチャード・パイン＆カンパニー、ミッキー・カーチスなども参加をしていた。

始終お祭り騒ぎで盛り上がり、実況録音盤はビクターとキング両社から発売された。

七一年のフォーク・ジャンボリーを語るその前に、ＵＲＣとは違ったもうひとつの自主制作レーベルが誕生したことを書いておかねばならないだろう。

七〇年十月には、ＪＡＳＲＡＣに加盟していないもうひとつのインディーズ・レコード会社がフォークのレーベルを打ち出してくる。その名をエレック・レコードと言う。

エレックはそれまで音楽通信講座のソノシートやレコードなどを扱っており、フォークとは無縁であった。六九年に文化放送のアナウンサーであった土居まさるの『カレンダー』というシングル盤他を発売し、七〇年になり本格的にレコード発売に乗り出す。

その頃、ヤマハ・ライトミュージック・コンテストの審査員をやっていた、浅沼勇（後のエレック・レコード専務）が広島フォーク村なる団体に眼をつけていた。

その中から選抜した四人を東京に呼んでレコーディングさせ、七〇年四月二十五日、アルバム『古い船をいま動かせるのは古い水夫じゃないだろう』が発売される。このアルバムは自主制作盤という形をとったのだが、実はそうではない。エレックが資金を出し、上智大学の全共闘ＯＢのＩ・Ｓという人物が資金繰りと称して実は金儲けのためにユーゲントレコードを立ち上げ、買い取るような形をとったのである。だが結局、持ち逃げされたような按配になり、回収にはいたらなかった。

『古い船をいま動かせるのは古い水夫じゃないだろう』の中に、卓越した才能を持っている男がいた。それが吉田拓郎（よしだたくろう）である。

エレックは彼の才能を見抜き、デビューさせようと考え、七〇年五月二十日、先のアルバムから『イメージの詩／マークⅡ』をシングル・カットする形で発売する。またレコードだけではなく、それまで付き合いのあった朝日ソノラマからも、表紙にアメリカ映画『イージー・ライダー』のスティール写真を使った『ニュー・フォークの旗手』と題されたソノシートが発売される。

拓郎の唄とギターはアマチュア時代から他の人とは一線を画し、広島フォーク村の中でもその才は一目を置かれる存在であった。そんな拓郎だが、十月には早くもファースト・アルバム『青春の詩』を発表するのである。その時の宣伝文句が《フォーク・ファンには見逃すことの出来ないLPが発売されました。フォーク、ロック、ボサノバを歌いまくるよしだたくろうの魅力の全てがこの一枚に結集されています》そんな、お世辞にも上手いとはいい難いコピーである。

アルバム発売と前後して人気に火がつき、甘いマスクも手伝い、あっという間に拓郎はスターにのし上がっていく。また深夜放送のパーソナリティとしても定評があり、軽妙なしゃべりはそれまでにない若者同士であるという同世代的な、あるいは兄貴的な親近感を生んで、さらにファンを増やしていった。しかしエレックは拓郎を早く売り出したいという思惑があったのだろうか、拓郎なる素晴らしい素材を持ちながらあまりに音がアマチュアの自主制作盤のような雑な作りで、プロとは言い難いバッキングなどは勿体ないとしか言いようがない。

七十一年六月にはアルバム『ともだち／よしだたくろう・オン・ステージ！』を、同年十一月にはアルバム『人間なんて』を発売する。デビューしてほぼ一年の間に、三枚のアルバムを発売するにいたったことから、その人気のほどがうかがい知れるのではなかろうか。

この頃になると拓郎は押しも押されもせぬフォークの第一人者になり、ステージに黄色い声が飛び交うようになっていた。

ここでフォーク・ブームは、それまでのブームとはいささか違う方向に向かって行ったのである。拓郎のファンはそれまでのフォーク・ファンとは違い、拓郎以外の歌い手の出番ではまるで聴く様子がないようにステージに眼もやらず、ずっとうつむいていたり、隣の人間とおしゃべりをしたりしていた。アングラ・フォークのファンたちが商業路線にいる歌謡歌手を無視したりする、それとはあきらかに様子が違っていた。拓郎が歌い終わるとそそくさと会場をあとにする女の子を眼にして、アングラ・フォークの背中を押してきた連中は戸惑いを覚えていた。わたしもそんな光景を眼にして、「あれっ、一体どうしちまったんだ、フォークは?」と、そんな気持ちにさせられたのを覚えている。

その拓郎は十月、早稲田大学企画構成研究会のメンバーでフォーク系のコンサートを開いていた後藤由多加が、小室等や山本コウタローらと一緒にYUI音楽工房を作ったのを機に、エレックを出て行ってしまう。

寝耳に水だったエレックは、急遽拓郎に代わる歌い手を探しにかかる。渋谷のライブハウス『ジャンジャン』『青い森』で歌っていたピピ&コット(ケメがいた)、泉谷しげる、古井戸たちに白羽の矢を立て、まるで急《せ》くように次々とレコードを発売するのである。

まず当時、まったく無名だった泉谷しげるのコンサートに動員(人を組織的に集める)をかけ、その模様をファースト・アルバムとして発売した。また雑誌『新譜ジャーナル』、『深夜放送ファン』とタイアップのような形で手を組み、ラジオ関東(現・ラジオ日本)とつながりを持って猛烈な売出しを図るのである。そして、ラジオ日本で制作をやっていた社員の何人かが、エレックに引き抜かれることとなった。
エレックの勢いは凄かった。常に全国のアマチュア・コンサートや団体に眼を配り、次から次へと若手をピックアップしていった。福岡の海援隊しかり、千葉のとみたいちろう、竜とかおるしかり、沖縄の佐渡山豊しかりという具合である。

昨日まで道端で歌っていたようなズブの素人が、素人のニオイが抜けきらないままに人気者になっていったのである。そしてその素人っぽさを逆手に、売り物としたのである。それまでの形とはひと味違ったフォークを打ち出し、フォークを一大ブームへと持ち上げていくには、一方にこのエレック・レコードの力がなければ成り立たなかったと言っても過言ではなかろう。当初所属した吉田拓郎が火をつけ、あとの連中がその火にドンドン薪をくべたのである。そして七一年十月八日、東横劇場（渋谷）でのコンサートを皮切りに、ニッポン放送と仕掛けた「唄の市」というイベントを全国展開させるのである。

もしエレックがなかったとしたら、フォーク・ブームはこれほどのスピードで広がりを見せなかったかもしれないし、一大ブームを迎えるにはもう少し時間がかかったかもしれない。逆に言わせてもらえれば、このエレックの台頭がブームの構築を早急にしなければ、もう少しブームは長続きしたかもしれなかったのである。

そしてフォーク・シンガーをアイドル化し、ファンを低年齢化させてしまったのもこのエレックなのである。しかしわたしは決して、それに苦言を呈しているわけではない。ブームにはそうした力がなければならないのを知っているし、実際エレックの存在があったればこそブームを増殖させ、新しいフォーク・ファンを増やしていったと言えよう。アングラ・フォークだけでは、フォークは生き延びられなかったかもしれない。URCが硬派であったならば、エレックは軟派と言ってもいいだろう。エレックの中で、関西フォーク（アングラ・フォーク的な）の硬派なニオイをさせたのは、泉谷しげるだけだったと言ってもいいかもしれない。そしてこの硬・軟ふたつのインディーズ・レーベルが、フォーク界を大きく二分することにもなるのである。

西岡はこのエレック・レコードと、アルバム一枚だけからんでいる。七三年十二月発売の泉谷しげるとの合作レコード『ともだち始め』がそれである。この二枚組のアルバムは完全な企画物であったが、西岡はこのアルバムのために新曲を用意した。一方泉谷は全曲既成の曲だけでの参加であった。

泉谷はレコーディング・スタジオで「何をやろうか？」と歌詞カードをめくってその場で収録曲を決める始末で、当時西岡はその慇懃無礼ともとれる姿勢に対し怒りを露わにしていたし、イサトの口からもそれを聞いたことがある。そこに西岡と泉谷のレコーディングに対する構えや、姿勢の違いがあった。西岡の楽曲は勿論のこと、泉谷の曲も西岡とイサトがバッキングをしているが、そこに目新しいものはない。このアルバムがどのような意図で作られたのかは知るところではないが、「ともだち」ではなく「ともだち始め」であり、友達始めのまま進展もなく「ともだち終わり」になってしまったのである。

七月二十日、風船は二枚のアルバム『New Sky（アルバム第5集 Part 1）』と『Flight（アルバム第5集 Part 2）』を発表する。一枚ずつ別々のアルバムであったが、双方とも第五集とあり、Part 1、2に分かれているところから二枚組と呼んでもいいのかもしれない。実際、当初は二枚組で出す予定であったのだが、結局別々に出されたという経緯がある。共にピンクのジャケットで、ジャケットを一見した限りでは一瞬どちらのアルバムか分からない。

このアルバムはこれまでの風船のサウンドとは若干違っている。西岡も、今まで出来なかったことをやろうとしたと語っている。

そして《ボクはこのアルバムがこのグループの総決算のつもりでした。なぜならこの数年間のうちにボクの作品の可能性を見失いかけていたからです》と書いている。

西岡さんに風船のアルバムの中でベストと思うのは？　と質問をぶつけてみた。しばらく考えたあと、「『New Sky』じゃないかな。『時々それは』が入っているから」そんな答えが返ってきた。

『時々それは』が収録されていることに関しては「あんなアマチュアの連中で技術的にも高くないのに、あんな雰囲気まで感覚を高めたというのはよくやったと思いますよ」と答える。前記の「数年間のうちにボクの作品の可能性を見失いかけていたからです」のあとに西岡は、《『時々それは』が出来上がったときはうれしかった。世界中のどのグループにも出来ないものが出来たと思いました》と書いている。

――ボクはだいたい出来た曲を、前もってメンバーにデモテープで聴いてもらったりするんですけれど、それで練習を重ねて仕上げていくわけなんですけれど、『時々それは』の時は全体がこんな風な出来上がりになるんだよってことを語って、それで軽く全体を通して演奏して、それでもう本番に入ったんだよね。

最初はフーコちゃんもハモろうと口を合わせようとしてやっていたんだけれども、まあ初見《しょけん》みたいなものだから、合わせるのも大変じゃないですか。ボクの方が合わせようとすると、割と合ってくるんですよね。でもその時はボクが合わせようとしないから、みんなの方が合わせようとしていたんですよ。一生懸命合わせようとするのはいいんだけど、なんとなく自然じゃないから、意識して合わせなくていいよって言ったんですよ。ずれたらずれたでいいよって。

エコーっぽい感じで、ディレイ（機械的に音を遅らせる）をかけているんだけど、そんな雰囲気で作っていったら割とはまっていったんだよね。これはあの当時のみんなの感覚が鋭いんだなっていう感想でしたね。

わたしは一曲で二十三分十二秒あるこの曲を聴いた当初、やはりハモりの部分に引っかかるものがあった。「どうして西岡さんとフーコちゃんのハモが外れているんだろう？」と思っていた。確かに、そこに違和感があった。それを西岡さんに言うと「あれって気持ちいいでしょ？」と笑うのである。また「だんだんよくなっていくでしょ？」とも言うのだが、確かにこの曲に関しては、そのとおりなのである。最初あった違和感は、聞いていく内に消えていき、まさにハマっていくという言葉がピッタリなのである。

そしてこの二枚は風船の集大成であり、第二期の風船の音の確立と言っていいアルバムであろう。この二枚のアルバムのギターの弾き方には特徴がある。多くの曲はコードストロークに徹し、それも右手で弦をミュートする奏法なのである（『そんな気が……』『ふる里の言葉は』『私は地の果てまで』『ボクは愛など知らないし』etc.)。これはこれまで風船の音にはなかったことで、ステージでもその奏法を生かしていた。

さてこの二枚組だが、今回聴きなおして、いろいろ面白い発見があった。まずひとつ目は、両アルバム中で締めの曲と言ってもいい『時々それは』が、アルバムの最初に入っているということである。この曲はLP時代には片面一曲の大作であった。こうした曲はなんとなく一番最後を飾るのにふさわしい曲と思うのだが一曲目に入っているのである。果たして、それが思惑とするところなのかどうかは分からないがこの曲、西岡の曲にしては珍しく一人称ではない。

西岡の作る唄は、そのほとんどが「私」、「ボク」の言葉を含む一人称である。サード・アルバムまで全曲が一人称であり、四作目の『巫OLK脱出計画』でやっと、『どこかの星に伝えて下さい』『時は変ってしまった』の二曲が一人称から脱して、客観的な視点を持つ唄となる。客観的に自分を、あるいは誰かを見つめている詞なのである。そして、『めめずはん』『キリンさん』『淋しいサイの目』のように、第三者の眼で歌う唄が続く。しかも生き物をテーマにした唄が三曲続くのだ。

このアルバムで一人称から脱したのかと思いきや、一人称が特に顕著にと言うか、日常が顕著に、あたかも随想のように歌われる『つまらない…』『ボクは愛など知らないし』の二曲が入っている。

つまらない…

だれかと部屋で　よどんでいたり
街の中に　ふらりと居たり
ビルに向かって　叫んでみたり
そっとどこかで　お酒をのんだり
ボクは愛など知らないし

ボクは愛など　知らないし
又　お会いしましょうは　くちぐせさ
ベッドで顔を伏せて大声で君に別れを告げて
私は家から…　バイクに乗って…
スタジオに向かう　道は冷たい

つまりこの『New Sky(Part1)』と『Flight(Part2)』の二枚はそれまでのように書きためた唄の放出とは違って、完全に風船のアルバム制作のための、現在進行形のオリジナル曲と言っていいだろう。ともすればバラバラの感性の集まりに見えるこのアルバムこそ、クリエイターである西岡の創作品の集大成と言えるような形でここに集結したと思っていいのではなかろうか。

この年、風船はこのアルバムを中心にした曲でもって、全国百カ所余りのコンサートをこなしている。

さて、長くなってしまったが、話をフォーク・ジャンボリーのことにもどそう。

フォークの台頭が社会現象になる頃、大袈裟かもしれないが若者の文化はフォーク・ソング一色にならんとしていた。

七一年の八月七日から九日まで行われる予定だった七一年のフォーク・ジャンボリーは、第一回、二回と違って特筆に値すべきものがある。

七〇年のフォーク・ジャンボリーにおいて、岡林信康と五つの赤い風船の人気は抜きん出ていた、それは先に書いたとおりである。中でも風船のステージは、観客全員参加というような形のシング・アウトで大きく盛り上がった。それに続く歌い手は前年、高田渡、岩井宏に促されて登場した加川良であった。

加川は七〇年のフォーク・ジャンボリーでデビューをしたのだが、新人らしからぬステージを披露して、観客の度肝を抜いた。加川はこの七〇年のジャンボリーの後、一気にスターとしての地位を獲得しており、この七一年のフォーク・ジャンボリーでの人気は断トツであった。

後に日本のウッドストックとまで言わしめた七〇年のフォーク・ジャンボリーのお祭り騒ぎが、七一年になってどのような変化を見せるのか、わたしはその期待を胸に参加をしていた。

ところが七一年のジャンボリーはいささか様子が違っていた。観客は前年の八千人を大きく上回り、二万五千人もの人で芋の子を洗うような騒ぎであった。ステージもそれまでのメインステージに加え、サブステージを二カ所に増やし、さらに『演劇センター68／71』の黒テントが設えられていた。

メインステージには常時一万人から二万人の観客が集っていた。最初はお祭り騒ぎの中で、和気藹々と進行していたメイン及びサブステージであった。しかし時間を追うごとに会場には異様なムードが広がりはじめ、客は岡林信康、加川良を出せと叫び始めるようになっていたのである。また、多くの観客がその日初めて眼にした三上寛の名前も叫ばれた。三上寛は、すでにコロンビアからレコード・デビューしていたが、それまでこんな大勢の前で歌ったことはなかった。しかし彼はまるで臆することなく、独特なパフォーマンスでもって、ジャンボリーの客を手中に入れてしまっていた。

七日の深夜二時で一旦終了して休んでいたメインステージは、八日の十六時から再開となった。

しかし前日のお祭り騒ぎは、その頃になると商業ペースに乗っていると思われるアーティストには、無残な野次や「帰れ！」コールを浴びせるようになってきていたのである。さらに時間を追ってまばらだった帰れコールは、一万人からの帰れコールの大合唱に変わっていったのである。これは今まで文章になっていないかもしれないが、観客はステージに向けロケット花火を打ち込み、コーラ瓶などを投げ込んでいた。そのコーラ瓶がステージまで届かず、客の頭に当たって怪我人が出た。

前年ステージで司会を務めたはしだのりひこでさえ、猛烈な帰れコールを食らい、まともに歌うことすらままならず途中でステージを下りて行った。当時メジャーな路線で売り出していた本田路津子などは、見ていて可哀そうになるほど、まったく歌えない状況下にあった。

前年盛り上がりを見せた風船だったが、七一年には会場に西岡の姿はなかった。西岡は加藤和彦らとアメリカ旅行に行っていたのである。西岡を欠いた藤原と東は、急遽トン・フーコというユニットを結成してメインステージで歌った。風船の一員であるから客は帰れコールこそしなかったが、明らかに戸惑っていた。ハッキリ言ってそのステージからは何も伝わって来なかったのである。つまり西岡を欠いた風船はあくまでトン・フーコであって、五つの赤い風船ではなかったということである。つまり観客の前に、西岡＝風船であるという図式をさらしてしまったのである。

イサトはそのことに対して、「レパートリーが全部西岡たかし氏の作詞作曲であるため、彼イコール風船、つまり西岡たかしと風船になったのは仕方ないことだと思うんです。だから他のメンバーは西岡さんに合わせて自分のフィーリングで演奏、あるいは歌っているということでしかないんだよ」と語っている。

長野隆はサブステージで司会を任され、山本コウタローや東祥高と即興でしゃべり合ったりしていた。

そんな中、吉田拓郎はステージに危機感を覚えていた。しかし拓郎の運がよかったのはメインステージの出演は八日の深夜であり、まだ野次は気おくれしているかのようにまばらであったのである。しかもたった三曲しか歌わなかったのである。しかしそれ以来拓郎はメインステージの側に近寄ることはなく、サブステージでの出演に終始した。

したがって伝説のように言われている、一時間半にも渡る六文銭との『人間なんて』のアドリブ演奏は数万人のメインステージではなく、数百人の観客のサブステージで歌われたものである。もっとも最終的にはそこに五百人からの人が集まっていた。これは拓郎に好意的なファンの中で歌われ、この模様をメインステージで虎視眈々と拓郎の出番を待っている、彼を商業主義歌手と決めつけているアンチ拓郎派は知らなかったのである。もし知っていれば、暴徒化した客が拓郎を取り巻き大変な騒ぎになっていたに違いない。

とにかくメインステージは殺気立ってピリピリしており、客は着火を待つ導火線と化していた。

もし五つの赤い風船がいたのなら、岡林信康、加川良同様、「風船を出せ！」と、そんな声が上がったに違いないが、そこに風船の姿はなかったのである。

帰れコールが飛び交う二日目午後十時頃、ジャズ・シンガーの安田南が歌っている最中に、暴徒がデモ隊よろしく下手《しもて》袖からなだれ込み、メインステージに上がってしまったのである。安田がフォークでなく、ジャズ・シンガーであったことが「帰れコール」の大合唱につながったのであるが、最初の内、客は暴徒をあおるように声援まで送っていたのである。

やがて暴徒らがステージを、マイクを占拠してしまい、抵抗を見せていた安田もステージから下りてしまった。彼らは口々に、「入場料を取ることへの疑問」「テレビ局や大手レコード会社の撤退」「音楽舎への批判」「フォーク・ジャンボリーの意義とは」「上記を含んだ商業主義の撤廃」等々の要求、また異議を口にしたが、言っていることはナンセンス以外の何物でもなく、まともにしゃべることの出来る人間もほとんどいなかったのである。確固たる論理もなく、支離滅裂で一方的であった。その連中はマイクを占拠して、次々と勝手なことを言い合った。

最は面白がって声援を送ったり、悪罵《あくば》を浴びせていたりしていた観客も、よもやこうした事態になるとは思ってもみなかったのであろう。時がたてばまたステージが再開されると考えていたのである。やがて舞台を占拠している連中が何の信念もないままに、ただ上っ面だけの論理を掲げる煽動屋であると観客が気がついたときには遅かった。あくまでフォークの本質を語っているように胸を張る奴らは、しゃべればしゃべるほど愚かであることを露見させてしまったのである。つまり煽動という名のもとに、ひとりでは何も出来ず、誰かを肩組む仲間に引き込みたかっただけなのである。

よって観客は、群集心理の中で巧みに翻弄されてしまったということであろう。この時、岡林でも出て来て「お前ら、ふざけるな！」と一喝して、歌い始めたらどんなに格好良かったことか——しかしこの時点で、岡林は山から下って坂下の駅から列車に乗って逃げ出し、その場所にはいなかったのである。

しかし、その後ステージで誰かがギターをかき鳴らすなどということはなかった。その、わけの分からぬ討論会もどきはなんと、午後十時頃から明け方六時まで続くことになるのである。メインステージでの演奏は結局再開されることはなかった。「入場料を取ることへの疑問」どころではない、全国から大変な思いをしてやって来ている観客に、お前らが金を返せと言ってやりたかった。

当時のコンサートではフォーク・ゲリラを名乗る、フォークに対し偏った考え方しか出来ないような連中がステージを占拠するということが何回かあった。

六十九年八月八日大阪城公園で行われた『ハンパク——反戦のための万国博』、そして同年八月十一日、風船も出演した日比谷野外音楽堂での『フォークゲリラ集会』もそうであった。彼らは一様に「売れるということは商業的だ、フォークの精神にそぐわない。フォークと看板を掲げ、入場料をとるのはおかしい」と攻撃をかけてきた。ならば訊くが、フォーク・シンガーがそこを批判されて、「ハイ分かりました」と納得すれば、おまんまの食い上げになってしまうということは分かっていたのであろうか？　プロならば当然、それで生活の糧を得るわけである。つまり売れてナンボという以前の問題であり、死活問題なのである。その愚か者たちの言っていることを真に受ければ、フォーク・シンガーはアマチュアのままでいなければならないということになる。

フォーク・シンガーを名乗り、商業的にヒットを狙うためにだけに唄を作って歌うという行為しかないのであれば、批判を食らって然りとも言えるが、しかし、なるべくヒットしないように、なるべく売れないように音楽活動をするのがフォーク・シンガーの在り方だと言うのなら、一体どのような活動をすればいいのか教えてもらいたい。

この時点でフォーク・ジャンボリーは終焉を迎えた。『ヤング・ギター（七一年九月増刊号）』の「中津川フォーク・ジャンボリー・レポート」で東陽元という人物が《中津川実行委員会のつくったいわばステージという、「制度」の上にのぼって、「制度」そのものを攻撃してもはじまらなかった。どうして彼らは「制度」への抵抗として、まず自分が変わっていかないんだろうか》と書いている。

このような終結を迎えると思ってもいなかったレコード会社は実況録音盤を発売す

る準備をしていたのだが、いかんせん中途半端に終わってしまったがために音源が少ない。しかし、音源が少ないのにもかかわらず、それでも、ビクター、キング、フィリップス、URCの四社からアルバムが発売された。ジャンボリーの人気のほどがうかがい知れようというものである。

第六章　フォークはなぜ下火になったのか

風船は一九七〇年のフォーク・ジャンボリーでは人気を博したと書いたが、それならばなぜ、西岡は七一年のフォーク・ジャンボリーに出演をしなかったのであろうか。事務所としても、岡林に続く位置にいて、それに見合う人気があった風船の出演を当然予定していたと思うのである。

西岡はこう語る。

――それまでは、アマチュアっぽい雰囲気のスケールだったんだよね。最初の頃はみんなで一緒にやっていたわけよ。まだそれは全国的ではなくて、部分的な感じがあったんだよね。それがガラッと変わってしまった。ジャンボリーだけでなく、年が明けたらそれまでとスケールが違って来るわけよ。なんとなくそれまで踏んで来たコンサートとか舞台とかいうものと形が変わって、勝手に商業的に動き出したみたいなね。このまま行くと巻き込まれるなーって感じがして、受ける、受けないっていうのはボクらの中にあんまりなかったからね。ジャンボリーで感覚的には、風船はわりと受けた方だけどね。うーん、なんか違うって肌で感じたのかな。仕掛けが違って来たなって。他の出演者も、前年からなんか薄っすら気配は感じていたんじゃないのかね。

実は西岡がアメリカに行くという理由はそれだけではなかった。フォーク・ジャンボリーの直前、アメリカに行く前に西岡は「風船をやめたい。中津川にも出ない」とメンバーに伝えたのである。

——このまま行くと惰性で行っちゃうなって感じがあって。なんか自分で呼吸したいなって言う感触があって。それでなくてもメンバーと一緒に動いていたりすると、本来の私個人の息づかいじゃなくなって、狂ってしまっている感じがあったんですよ。それがグロスで大きなものになっていくと、もっと自主性がなくなると言うか……あの当時はだよ。それはそれでいいんだけど、強迫観念的に思ったよね。まだまだアマチュア的なグループだったから、ボクの意識もアマチュアぽさって言うのをもの凄く大事にしたかったから。言ってみれば、ボクは道楽息子で遊び人のどうしようもない、社会的生産性のない人間なわけよ（笑）。

自分の好き勝手ばっかりやっていて、誰かのためになることなんかなんにもやってないんだから。ボクはひとりで絵を描いていたくらいだから、自分の息づかいを大事にしたいと言うか、詞を書く時でもそういう感じでいたいと言うか、でもグループでやっていると、そういうのがなくなってしまうじゃないですか。自分のそうした呼吸を大事にしようとすると、仕掛けとか企業とかなんとかで動かされちゃうと自分が違う方へ行っちゃう。

それまでリーダーとしてやって来て、曲作るのも詞作るのも、レコーディングのコーディネイトも全部やるのはわたしなんですよね。事務所とギャラの交渉もね。そんなんでやっていても、自分にあんまり利がないんだよ。なんで、わたしにとっては自分の好きな曲を書いたり、詞を書いたりすることが利なんだよ。つまりそうした利のないことが重たくなって来たんだよ。なんでこんなわがままな連中の面倒を見なくちゃいけないんだよみたいな。それでもうある程度やって来たから、もう自分でも満足したみたいな……。

西岡は作品作りに苦慮していた。曲作りなるものが、まるで課せられる重荷のような気分になり、そのノルマをこなさなければという見えない重圧が西岡を苦しめはじめていた。曲作りは西岡の仕事である。西岡は、メンバーと事務所の間に立って、その両方を常に視野に入れておかなければならなかったのである。その立場が、メンバー三人と大きく違う点であった。

西岡は意を決してメンバーに「風船をやめたいんだ」と告げる。しかし当然のごとくのようにみんなの口からは、「まだやめないでくれ」そうした言葉が発せられた。藤原は「まだまだやることがあると思うし、もっとやりたい」と言う。東は「もう一年やって欲しい。今のままだとボクら何も出来ない。もう一年の内に自分の道を探すことが出来る」と言い、長野は「もっとやろうよ」と訴えた。

西岡は、長い沈黙の末に「分かった」と答えた。やめないその条件として「少し休ませてくれ」「アメリカに行かせてくれと」と提示したのである。そうした経緯があり、アメリカ行きがすんなり通ったのである。

そんな中西岡は、七月二十七日に日本を経ち、ニューヨークからサンフランシスコと、アメリカを旅して八月三十一日に帰国している。同行したのは加藤和彦、北山修、杉田二郎、森下次郎（森下悦伸・二代目ジローズ）、谷村新司らであった。

しかし西岡はアメリカ旅行中に、自分を見据える時間に恵まれた。アメリカという土地の中で心身共に開放されていたのかもしれない。またメンバーと顔を合わせないだけ、風船の一員として自分やみんなの立場を、そしてやりたいことを客観的に見ることが出来たのかもしれない。風船で再び頑張ろうと決心をしたのである。そして、アメリカでのレコーディングの話も着々と進んでいたのである。

七一年十二月の『新譜ジャーナル』にこんな記事がある。

《風船解散のウワサはデマ

一時、五つの赤い風船がグループを解散するというウワサが流れたが今のところ解散する意思はなく、西岡たかしなど、個人活動と共に、グループとしての活動も続けていくとのこと》

この時点での解散は確かになかったと思う。しかし火のないところになんとやらのたとえどおり、風船の終焉は近づきつつあった。

そんな頃、かつてから西岡が心に描いていたアメリカでのレコーディングの話が、ついに現実となったのである。「風船で再び頑張ろう」の気持ちが形となって、眼の前に現れたような感覚にとらわれた。

七二年二月九日、西岡と秦はロサンゼルスRCAレコードでレコーディングを行うため、メンバーより一足先にアメリカに渡る。
前回のアメリカ旅行の時知り合った、アメリカに住むナカシマという青年のコーディネイトがなければ、このレコーディングはこんなにスムースに運ばなかったはずである。

——彼とはね、アメリカ旅行の時に知り合っているんだよ。元々東京の人間で、彼は日本でも同じようなことをやっていたんじゃないかな。たまたま向こうがボクを知っていたんだよ。なんかボクも経歴なんかは知らないんだけど、ボクがアメリカへ行ったら訪ねて来てくれて意気投合して、その時はなんにも企画はなかったんだけど連絡先を交換して、(日本に)帰って来てからレコーディングの話が出て、それを社長の秦さんに話したら、連絡取ったんじゃないかな。で、レコーディングするのなら、折角だからコンサートをやらないかって会社側からそうした話が出たんだと思うな。

現在、西岡はそのナカシマとなる人物がどうした活動をしているのか音信不通で判明しないと言うが、西岡がソロ活動をするようになった七三年四月十九日、石丸寛の指揮で日本フィルハーモニーをバックに新宿厚生年金ホールで行ったコンサートの御膳立ても、そのナカシマという人物の手になるものであった。

アメリカでのレコーディングの話はおだやかな状態で進んでいるように見えたが、本来ならかなり困難を極めるであろう多くの事柄や、面倒臭い書類上の問題に対してナカシマが奔走してくれたおかげで、ようやく実現を見るに至ったと言ってもいいだろう。

西岡とアレンジャー、プロデューサーとの打ち合わせは英語の進行ということもあって、こちらの意図や意思がなかなか通じ難かったが、それでもメンバーが集まる頃にはどうにか三者の中で構想はまとまりつつあった。あとはレコーディング時に、五つの赤い風船としていかにベストな状態で、または一丸となったチームワークでもって臨めるかどうかにかかっていた。アメリカ録音という緊張感はあっても、ズブの素人ではない。今まで何枚かのアルバムも発表していることだし、先のレコーディングで新生五つの赤い風船の音は固まったところである。やるしかない、もう後戻りは出来ないのである。

メンバーがマネージャーと共にロスへやって来たのは二月二十一日のことで、ロスで西岡と合流する。

西岡はアメリカでしか出来ない風船の録音の構想を頭の中にまとめ上げ――その場でどのようにその音が変わっていくのか――それは不安材料でもあったが、また大きな期待感もあった。

しかしレコーディングは西岡が思い描くように、すんなりとは進んでくれなかったのである。藤原がノドの不調を訴え出すのである。最初はアメリカに渡った疲れがそうさせているのだろう、また初めての異国の地でのレコーディングからくる緊張感がそうさせているのだろうと、つまり一過性のものであると思っていたのである。二、三日して、時差にも慣れる頃になれば気持ちも落ちつき、普段の藤原に戻ってくれるだろうと思っていたのだが、それはいささか早計な考えであった。ノドの不調は続き、一向に体調が戻らないのである。「無理をしない程度でいいから歌えないか？」と言ってやりたかったのだが、藤原はスタジオにも姿を現さなくなり、高をくっていた西岡の心配が現実になり始めたのである。

実は、メンバーに先んじて西岡がアメリカに発つ三日前、二月九日に東と藤原が結婚したことを長野から知らされた。かなり前から二人がお互いに抱いている恋愛感情は周囲の人間にも見えていた。いずれ一緒になることは漠然とだが分かっていた。そして一緒になった……。しかし西岡には詳しい情報はまるで入って来ず、一人蚊帳の外のような状態だったと言う。

そうしたなか東もアメリカに来て、こうした事態になるなどということは考えもせず焦ったに違いない。しかしこればかりは東や西岡がどんなに焦ってもどうしようもなかった。

西岡は平静を努めたが、当然苛立ちのようなものもあったと言う。

「女性には特有なんだけど、あるじゃない。価値観が変わるって言うかさ。最愛のご主人が現れたって言うか、音楽が一番だったのが、何番目かに下がっちゃうって言うか、そうなると仕事の論理じゃ通らないのかなーなんてね。そうじゃないと分かってはいても、そんな邪推もしたくなっちゃうんだよね」

それが西岡の正直な気持であったのだろう。

そうこうしている内に、カラオケ録りが終わっていざヴォーカルの音入れという時点でも、藤原のノドの調子は戻らないのである。実際ヴォーカルをとらせても、聴くに堪えられないものであった。これにはさすがの西岡もまいった。そうなると、全体の空気も違う方へ行ってしまう。体調を崩している藤原を眼の前に、きついことも言えない。東と藤原は常に行動を共にしており、やがてスタジオにも姿を見せなくなる。長野は「もう東とフーコとはプレー出来ない」とまで言い出した。すでに西岡が何かを言える状況ではなくなっていた。西岡は限られた時間でのレコーディングに苛立ちを覚えたが、それを声に出して何かにぶつけるなどという暇はなかった。

藤原の体調が思わしくないまま、時間だけが過ぎていく。ノルマだけはちゃんとこなさなくてはいけないのは重々分かっているのだが、当然そうした重圧は西岡の上にだけ振りかかっているわけではなかった。風船のメンバー全体の上に、焦燥感がのしかかっていたのである。一番歯がゆかったのは、その責任をどこにぶつけていいのか分からない当の藤原だったかもしれない。

こうした、他国でレコーディングをするなどという普段と違ったことは、いろいろな人の協力や水面下での計り知れない力があったればこそ、そこへ到達出来たわけなのだから、西岡が声を荒らげるわけにはいかなかったのである。西岡が声に出せば、何もかも台無しになってしまうことは眼に見えている。西岡は自分が犠牲にならなければ、自分が上手くまとめないことにはどうにもならない、そんな感情が常につきまとっていた。

ここは日本ではない、アメリカにいるのである。誰かの体調が悪いからと言って、レコーディングを休むわけにも、やめるわけにもいかない。

「今日はこんな具合ですからレコーディングやめます。調子悪いから帰ります」そんな道理は通らないのである。社長である秦も歯車が上手く回転していないことは薄々感じてはいるものの、西岡の苦慮、メンバーの焦りまでは気が回らなかった。また西岡の方から逐一「こうこうこうです」などと報告するわけにもいかない。もしそれを言ったら、出資者である秦はなんと思うか。みんなを連れて来て、「何も出来ません」そんなことは口が裂けても言えない。なんとしてでも、いいものを作り上げないと……西岡は自分自身の心とだけ向き合うような形となった。よって、秦には西岡の心根や状況が見えていなかった。

しかしレコーディングは刻々と進んでいるのだ。西岡はレコーディングを上手くまとめることに専念した。予定していた藤原のヴォーカルはなくなり、代わりに西岡のヴォーカルが増え、長野にヴォーカルをとってもらったりもした。アルバムでは藤原のヴォーカルはほとんどない。もし、藤原の体調が万全で、普段のヴォーカルがあって当初の予定どおりに進んでアルバムが完成していれば、違うものが出来上がっていたはずである。西岡は「違うものと言うか、彼女のアメリカでの録音を聴きたかったと思うでしょ？　やはり風船のヴォーカリストなんだから、ボクだけでなく、ふたりのハモがあればこその風船なんだからさ」と語る。

つまり四人がちゃんと参加をしてレコーディングが進行していれば、風船の〝音〟

であるレコードが出来ていたのである。要するに、その時点ですでに五つの赤い風船は、五つの赤い風船ではなくなってしまっていたのである。

実は西岡はアメリカ録音で、LPをもう一枚作るつもりだったと語った。そうした作品もちゃんと用意してあったと言うのである。もしそうなっていれば当然選曲も変わっていただろう。それが出来なくなってしまった。なんとも勿体ない話である。

とにかく期限内にアルバムを作らなくてはならなかった。アレンジャーたちと一所懸命になることで、なるべくいいものを作ろうという思いが、すべてを忘れさせてくれる材料となった。当初考えていた、藤原のヴォーカルではなかったけども、それはそれである程度のアルバムになったと思う――西岡は役目を果たした。

西岡は『新譜ジャーナル』七一年十二月号のインタビューで《まあ自然にやってます。フーコちゃんですか？　彼女は僕の歌のよき理解者ですね。風船と2月にアメリカに行ってコンサートやります……解散？　かってにいうてなさい（笑）》と、アメリカ行きの前にはそう語っていたのである。

西岡は二月と言っているが、実際コンサートは三月に行われた。このインタビューを見ている限り、風船は今後とも活動を続ける方向なのだが……実際、活動を続けるつもりだったのであろう。

三月七日レコーディングは終了して、十日にはサンセット通りインペリアル・ガーデンにて完成記念パーティが催された。

そして、十一日、エンバシー・オーディトリアムにてコンサートが行われた。

その時の模様を西岡はこう語る。

――コンサートは無料だったんじゃないのかな？　エンバシー・オーディトリアムと言うのは公営の市民会館的なところで、そこを借りてやったんだけど、確か無料《ただ》のコンサートだったんじゃないかと思いますよ。お客さんは向こうに住んでいる日本人もいたけど、現地の学生なんかも呼んでやったんだよね。入りは悪かったもん。舞台の方は日本とだいぶ違っていたし、アメリカの大学生とかいたから、ものすごくあがっていたな。いわゆる構成みたいなものがちゃんと出来ていなかったから、日本でやっているものをそのまま持ってきたみたいだったからね。こういうものが受けるとか、ちゃんとリサーチもしてなかったから、なんか暖簾に腕押しみたいなところがあって、すごくやりにくかったな。

なんかね、ボクらの何にも知らないところで物事が動いているみたいな感じで、ただコンサートをやって録音して、結果的には社長のもくろみでしょ（笑）。レコーデイングの方が馴染んでやれたな。

そのアメリカ録音盤は、七十二年五月にURCより『ボクは広野に一人居る（二枚組）』、そしてビクターより七二年五月二十五日に『五つの赤い風船 IN USA』として発売になる。

URC盤は十二曲のスタジオ録音と、七曲のライブ録音。一方ビクター盤は六曲のスタジオ録音と、五曲のライブ録音が収録されている。両社の収録曲はライブ録音に数曲違いがあるだけで、ビクター盤のスタジオ録音はURC版からの抜粋のような形だが、内容にまったく違いはない。

そして西岡の言うとおり、全十二曲のスタジオ録音のほとんどが西岡のヴォーカルで占められている。かろうじて、『どこかの星に伝えてください』だけが藤原のソロである。そして『ボクは広野に一人居る』のヴォーカルを長野がとっている。しかし、なるべく多くのアメリカ録音を聴いてみたかったわたしとしては、肩透かしであった。

このアルバムを聴いてみて思うことは、アレンジャーが風船の音を理解していないのではないかということである。しかしそれは、私の判断を急ぐあまりの考え方なのかもしれない。というのも、それまでの風船の音を意識してその音に近づけてしまえば、かえってそこに新鮮なものを見出すことが出来ない、そんな考え方も出来るからである。新鮮かつ斬新な仕上がりを欲するのならば、それまでの風船の音を意識させないほうがよかったのかもしれない……。しかしわたしは、そこにあるはずの新鮮さ、斬新さが希薄であるとしか思えないのである。見出せないのである。そして、それを五つの赤い風船として聴けば聴くほど違和感を覚えるのである。その違和感は、風船らしさがないと感じられるところの、アレンジだけの違和感だけではない。要するにいい、風船らしい音と言うのは、やはり西岡と藤原のハーモニーなのである。西岡と藤原のヴォーカルが聴かれないことで、風船らしさが感じられないのである。しかしこれはあくまでわたしの意見であって、他の人はまた違った感想を持つことであろう。このアメリカ録音の是非、あるいは音の好みは聴き手に委ねることにしよう

また、URC盤の二枚目に関しては、西岡宅で録音されたおしゃべりが、ライブ音の合間をぬっている。

西岡「(コンサート会場が)なんとなく格調高かったたね。あれ、大変やったんやで、客集めるの。いろいろ新聞フリープレスとか、スタッフとか、ああいう新聞に広告出し

たりとか」
長野「日本人向けの新聞とかな」
西岡「コンサートどやった？　みなどやった？」
藤原「なんか落ち着けへんかった」
長野「なんかちょっと上がってた」
藤原「最初で最後みたいな気があったからね、すごい焦ってしまってね」
西岡「日本やったらとにかく、日本語でパァパァとしゃべってコミュニケーション出来て、和やかなムード出来て気分になって」
藤原「なんとなく一生懸命歌とうても、むなしい気持ちになってくのね。分かってないと思ったらね」
西岡「言葉が……」
西岡「そやけど不思議に『貝殻節』とか、フーコちゃんの『一番星』、それから『まぼろしのつばさと共に』は受けてたで、なんとなくな。あれは一瞬歌い終わった後の静けさが違かったたな。もう、シーンとしていたよ。やっぱりアメリカ調のものやったってアカンな。そやな日本人やもんな。日本調でいかなアカンな。去年行った時も、まず感じたな。日本人やなやっぱし」

こうした会話が曲と曲の合間に収められているのだが、まあ、これはこれで面白いとしよう――一度聴けば、もう充分ではあるが。しかしこの会話を聞く限りでは、メンバー間に不協和音が生じている感じは見て取れない。

西岡はみんなより先に三月二十日に日本へ帰って来た。残った面々はそれぞれアメリカ旅行を楽しんだ。レコーディングが終わった後は、結構ゆるやかなスケジュールであった。

――アメリカにいる時は解散だとか、もう一緒に出来ないとかそんな言葉はどちらからも出てこなかった。一緒にいた長野からも何も出てない。

結局日本に帰って来てからの話になるんだけれども。アメリカのレコーディングのことがやはりどこかにあったのかもしれないんだけど、なんとなくトンとフーコちゃんふたりを眼の前にするとギクシャクしちゃって、日本に帰って来てからもなんとなく違和感があってね。長野もそれを察したのか「もうふたりとは一緒に出来ない」と言っていたようだけど、でもトンとフーコは長野にはコミュニケーション取っているんだよ。ボクとはコミュニケーションがなかったから、ふたりの気持ちが分からなかった。ふたりはボクを前にしてもただ黙っているだけで……。

日本に帰ってから、元の風船に戻っていければよかったのかもしれないけど、帰って来てからもなんとなくふたりとボクの間にミゾのようなものが出来ちゃったんだよね。それが何かと言うと、言葉にし辛いんだけど、やっぱり本来の風船と比べての違和感かな？ だから喧嘩をしたとか、意見の相違だとか、あからさまなことがあったわけじゃないんだよね。ジャンボリーの前に、ボクの感情の中に解散って言う二文字があったから、いつでもやめられますって気持ちだったのかもしれない。それがあらためて眼の前に現実となって現れたということだったんだよ。

そして解散が現実になってしまった。それは見事に呆気ないものであった。

本当のところは、最初のアメリカ旅行の時に踏ん切りがついていたのかもしれない。それが一年延びたということになるのだが、そこに風船としての進化はなかった。その進化の証明が本来ならば先のアメリカ録音での音源だったのかもしれない。そこに進化のようなものが見いだせなかったということは、なんとも切ない話である。

しかし西岡がアメリカへ発つ前の「まだやめないでくれ」「まだまだやることがあると思うし、もっとやりたい」「もう一年やって欲しい。今のままだとボクら何も出来ない。もう一年の内に自分の道を探すことが出来る」「もっとやろうよ」という各々の気持ちは一体どこへ行ってしまったのであろうか。

結局、西岡が解散に対して心を動かしたのは、日本に帰って来てからということになる。事務所の方もアメリカの一件で、なんとなく解散するんだな、そんな空気を感じていたのではなかろうか。実際日本へ帰ってひと区切りついた時点で、事務所は水面下で解散コンサートの準備に取りかかっていたのである。

七二年五月五日、五つの赤い風船解散が発表された。

解散コンサートは、六月から八月にかけて、全国の三十二カ所で行われた。このスケジュールを見ると、かなりの強行軍である。西岡は「事務所は最後だから稼ぎまくろうってわけだったんじゃないの?」と言って笑う。

全国の三十二か所での『見おさめコンサート』、そして八月三十一日東京、日比谷野外音楽堂では『ゲームは終わり　追い出しコンサート』が行われた。このコンサートが実質、五つの赤い風船の最終コンサートとなったのである。文京公会堂で行われた『見おさめコンサート』から一月後のことである。

西岡の言葉を借りれば、「今まで風船を聴いてくれた方たちのために、最後のコンサートをやる必要があると思うんやけど……」ということになる。

二〇一一年、当時の貴重な映像が収められたDVD、『五つの赤い風船／ゲームは終わり』が三十九年ぶりに発売になった。わたしがライナーノーツを書かせていただいたのだが、それを紹介しておこう。

《いかんせん四十年前の話である。わたしの記憶はおぼろげに霞んでいるのだが、その日はやたらに暑かったことを覚えている。すり鉢状の野音の会場には残暑の熱がよどんでおり、それをあおるように蟬の声がしきりと会場に響き渡っていた。スタッフが各々風船の束を持ち寄り、それを空に放った。それを合図に解散コンサートが幕を開けた。

山本コウタローの司会進行でコンサートは始まった。

アーリー・タイムス・ストリングス・バンドをバックに斉藤哲夫が新曲『吉祥寺』を歌う。

中川イサト、遠藤賢司と続き、加川良と西岡が『木枯らしエレジー』で盛り上げる。高田渡とゲストが次々と歌う中、そこには五つの赤い風船の見納めという悲壮感は感じられなかった。日比谷の野音でもよく見られた、ジョイント形式のコンサートとさほど代わり映えがせず、ゲスト出演者も風船を送るというより、どことなくお祭り騒ぎのような状態の中にいた。実はこのときあたしが歌った『悲惨な戦い』がシングル・カットされ、URC及びエレック・レコードから発売されることになる（唄のバックには蟬の声が入っている）。かまやつひろし、IMOバンド（長野隆が解散を期に作った）と演奏は続き、長丁場のコンサートとなった。

客席では風船の出番を促す声も多少上がったが、かつてのような客が持つ強引とも言えるパワーは、もうそこにはなかった。

陽が落ちる頃、風が少し暑さを和らげてくれ、ようやく風船がステージに顔を現した。客は待っていましたとばかりに、大きな拍手と声援で風船のメンバーを迎えた。五つの赤い風船は解散という悲哀をまったく感じさせることはなく、普段のコンサートと同じように自分たちの音をぶつけてきた。観客もわたしもなんとなく解散は冗談ではないかと、これは自分たちがいつもの西岡の飄々とした笑いの中に取り込まれ、それに騙されているのではなかろうかというような錯覚に陥っていた。

やがて西岡と朋友である加藤和彦、岡林信康らをギターの中川イサト、ベースの長野隆がサポートして、セッション『ランブリング・ボーイ』『アイ・シャル・ビー・リリースト』が始まり、ステージに花を添える。照明が煌々と照らされる中、会場は一挙に盛り上がりを見せた。

そして『時は変わってしまった』『遠い世界に』のシング・アウトでもって、会場のヒートアップは最高潮に達した。

この曲が最後の曲である。

このとき初めて、見納めという言葉が実感として、みんなの胸に去来したのではなかろうか。アンコールの手拍子はあたかも、それを現実としてとらえたように熱く、野外音楽堂に大きく響いた。アンコールは出演者がステージへと集まり、『これがボクらの道なのか』の大合唱が始まり、会場もそれに応えた——そしてゲームは終わった。

五つの赤い風船の追っかけを自認していたわたしは複雑な気持ちでいた。観客や他の共演者は普段のコンサート同様三々五々帰途に着いて行ったが、わたしの耳からはいつまでも『これがボクらの道なのか』が耳鳴りのように広がってやまなかった。

解散にいたる西岡の心中はいかばかりだったのか、「すかっとしている。解散の晴れ晴れとした気持ちを味わっている」と、インタビューで語っている。わたしは、わたしの中のある時代が終わりを告げたことを、強く感じていた。もう、四十年も前の話になってしまった。（ＤＶＤ『五つの赤い風船／ゲームは終わり』のコメントに加筆）》

この模様は七二年十一月『ゲームは終わり（三枚組）』としてURCより発売になるが、あまりにお粗末な録音と編集内容で、折角の唄が台無しの結果になってしまっている。これは七〇年の『五つの赤い風船　イン・コンサート』や、アメリカ録音の時の編集にも言えるのではなかろうか。

異論もあろうが、わたしの見解で言わせてもらえれば、確固たる風船のアルバムというのは『高田渡／五つの赤い風船』『おとぎばなし』『巫ＯＬＫ脱出計画』『Ｎｅｗ Ｓｋｙ』と『Ｆｌｉｇｈｔ』の五枚ではなかろうかと思うのである。

西岡はずっと風船でやって来て、これからはソロでやって行かなければならない。自分にとって、行く末の不安などはなかったのであろうか？

――いや、なんと言ったらいいんだろうか、これでやっと抜けられるって言うか、嬉しいっていうか。だって、これからは自由に絵を描いたりして……。結局解散した、ひとりになった、ふっと肩の力が抜けたと言うかね。

ところがいざ解散というフタを開けてみたら、メンバーのひとりひとりは解散出来たんだよね。解散出来たというとおかしいかもしれないけど、でも、風船のスケジュールはまだ残っていたんだよ。ほら、ずっと前から決まっていたやつとかね。要するにスケジュールは残っているんだけど、風船は解散しちゃっていない。事務所は「お前は代表なんだから、残ったスケジュールこなせって」。ボクだけ……自由に絵を描いたりしている暇なんかありゃしない（笑）。

五つの赤い風船のスケジュールを西岡ひとりでこなす、という話も乱暴な話ではあるが、実際それを西岡はひとりでこなした。つまり風船を解散したと同時に休む間もなく、ソロ歌手西岡たかしが誕生したということになる。「ひとりだったらこんなことやろうって夢が出てきたんですか?」と訊いてみた。

——だから、即はそんなこと出て来ないよ。ひとりで風船の代わりやれって言われたって出来ないんだよ。でも、断れないんだよ。やるしかないんだから。それまでは、普段自分の歌うパートしかやってないんだから、全部の曲のソロなんて出来やしないじゃない。自分の作った曲だけれども、自分のパートしかやってないんだもん。全曲自分でやらなくちゃいけないわけでしょ。それでしゃべることになったんだよ、時間を持て余しちゃうから。それで歌よりもしゃべりを多くして、寄席みたいになっちゃうんだよ。

「あれっ？」わたしも人のことは言えないが、西岡さん、それ以前も結構しゃべっていたんじゃなかったっけ？

——いや、ソロになってからの方ががんばってしゃべったよ。とにかく時間をつなげなきゃなんないから……。

結果的にはね、風船の名のもとに、ボクひとりが上手く利用されただけかもしれないけどね。でも試練をいただいて、鍛えていただいて、今にいたっていますからね。この歳までやらせていただいているわけですから（笑）。

わたしは五つの赤い風船の終焉はまた、フォークが終焉を迎えつつある時代とリンクをしているように思えてならないのである。音楽評論家の三橋一夫は《アンダーグラウンドだったフォークが、音楽界、歌謡曲界、レコード界で市民権を得たのが、七二年以降だった》と『われらフォーク世代』の中に書いている。風船の解散はまさに、その七二年だったわけである。

かつてフォークはアメリカの模倣から始まった。大学生の間でもてはやされ、アイビーと呼ばれるファッションを伴って密かなブームを迎える。そこにプロテストの精神がまったくなかったわけではない。模倣という域を脱し得ない形であったが、プロテスト・ソングは学生たちの手で日本に紹介された。しかしそれはプロテストというものの上をただいたずらになぞっているだけにとどまり、アメリカのコンテンポラリー・フォーク歌手の姿を格好だけでとらえていたに過ぎない。「プロテストの精神」とは書いたが、それを精神と呼ぶにはおこがましいかもしれない。要するに、歌詞の持っている意味よりも、英語で歌う格好よさというものから脱し得ないスタイルに終始したのである。ある意味、お坊ちゃんお嬢ちゃんの趣味から逸脱していない唄であった。

その甘ちょろい音楽に異議を唱える人たちが登場してきたのである。学生の音楽であったそこに、学生ではない人たちが、泥臭い生活の音楽を持ち込んだのである。日本語で歌うそれらは、真っ向から切りつけてきた。当然カレッジ・フォークの中にいた歌い手たちも日本語で歌っていなかったわけではない。しかしファッション感覚を脱し得なかったそれらは、決して切りつけてはこなかったのである。

ところが関西に端を発したフォークにはそれがあった。それもやはりアメリカの模倣であったと言われれば返す言葉がない。確かに、ボブ・ディランを筆頭とするプロテスト・ソングに触発されたレールの上にあったものなのかもしれない。だがそれらはディランのそれとは違っていた。彼らなりに反芻して、それを咀嚼したのである。

やがてそれらは力を持った。角材やパイプを手にしない力であった。それを打ち出すことで聴き手に訴えかけた。強制でもなく、頭ごなしでもないそれは若者たちの心をとらえた。そして多くの若者が、混沌としている時代の中でそれに感化された。それを自分たちの唄としたのである。恋人との語らいに必要だったギターは、違った意味で必要さを持ち、また武器になったのである。見てくれの格好よさは、精神的な格好よさにとって替わられるようになったのである。事実、アングラ・フォークの連中はファッションなどにこだわらなかった。いや、こだわらないというこだわりを持っていたとしたのなら、それにこだわっていたのであるが……。

聴き手はまた、素人に近い音楽に共感を持った。実際音楽の訓練を受けていない昨日までの素人の唄に同調した。実はこれが大切なことであったのである。自分たちもどうかすれば、すぐにでも舞台に立てるという錯覚を持たせてくれたのである。要するに舞台との一体化は、我々誰しもが参加をしているという錯覚を持たせたのである。その実、家に帰ってその曲をギターで弾いてみるとなんなく弾けるし、歌えることを知るのである。ここにフォークの力があった。つまり、ステージと客席は一体化していったのである。そこに今まで若者を支えたロッカビリーやグループ・サウンズの音楽シーンのような黄色い声援はなくとも、舞台に対して言葉を投げかけたり、やじったり、時には「帰れ」コールを送ったりするのが当たり前の行為となっていったのである。要するに、それが参加していたという思い（思い込み）であったのである。それがフォークに対する愛情のようなものであったのではなかったのか、とも思えるのである。そこにはフォークが背負った時代がある。

その場所に五つの赤い風船もいたのである。押しつけがましくなく、美しいメロディの中に辛辣なプロテストがあった。それを全面に押し出すことのない西岡のフォークは、柔らかく人の心に残っていった。言葉でもって直接的な攻撃をするのではなく、スパイスのように詞の中に言葉を散らばせる。その方が、後からピリッと刺激があるということを知らずして体感していたのかもしれない。西岡がそうした心積もりがあって曲を作っていたのかどうかは関知するところではないが……。伝えるべきメッセージを巧みに込めた歌詞と、優しいメロディのギャップがそう思わせるのかもしれない。一見して見過ごしそうになってしまうそれは、実はちゃんと若者たちの心を捉えて残っていったのである。

高石友也が『フォークは未来をひらく』の中で《反戦歌をつくる目的でつくられた

反戦歌ほど、いやらしいものはない。ベトナムは悲惨、かわいそうだ、戦争はいつ終わるのだろう？　そういった調子のものによくぶつかる。おもに高校生、大学生のオリジナル・プロテストソングに多い。ベトナムなり、戦争なり、事件なりを高い処から見おろしたやつである。もっといやらしいのは、反戦の何かも知らずに、反戦歌をオーバー気味に歌う歌手たちだろう。平和を祈りながら、とか、わたしは歌で反戦に参加します。ベトナムのためにわたしは歌います。そんな言葉を並べられると、絶望的な気分になる》と書いているが、西岡の唄にはそのいやらしさがないのである。

やがてフォークがブームになると、それまで目も向けなかったレコード会社がこぞって「フォーク、フォーク」と言い出す。フォークなら、いや、フォーク調ならばなんでもよかったのである。極論かもしれないが、アコースティックのギターの音がしていればよかったのである。いずれ聴き手側もフォークと、フォーク調であることの区別がつかなくなり、幻惑されてしまうのである。フォークは若者側にいてくれる音楽であると思うことが大切になり、そこにプロテストもトピカルも存在しなくなってしまうのである。それがブームと呼ばれることによって、若者が自分たちで発する音楽と信じていたフォークの精神が希薄になっていくこと自体が悲しいが、現実は確かにそうであった。

レコード会社が儲かると踏めば、ブームの影には必ず売り上げという数字が存在するようになる。売り上げに唄の持っている思想もへったくれもない。上手く流行をとらえて、それを操縦すればいいだけの話である。加えて、お兄さん、お姉さんが聴いていた音楽に触発されたその下の世代がフォークを聴くようになってきた。フォークを支えてきた世代は就職をし、それまで嫌っていたレールの上に乗ることをもはや否定出来ない歳になってきていた。下の世代に言わせれば、彼ら彼女らにとっては、もはや反戦も差別も政治も学園紛争も、何も小うるさいことはいらなくなっていたのである。かえってそれが自分たちの音楽の邪魔をした。若者側の音楽として感じることが出来れば、ただ心地よければよかったのである。

未熟さが持てはやされた時代は、もはや過去のものとなってしまっていた。そこにはやはりプロフェッショナルが作る音楽のニオイがしなければならなくなってきていたのである。作詞、作曲、編曲も同様である。フォークは短期間のうちに市民権を得て、聴くに堪えるものでなくてはならない音楽に成長したと言えよう。もはや詞が切りつけてくる必要はなく、フォークとしての詞の存在感は薄れ始めてきたのである。

まずはギターの音がありきで、それに見合ったフォーク調を感じさせることが出来れば、フォーク自身がそれで十分な存在感を固持したのである。その挙げ句――ヒットをした多くのフォークの曲を聴けば分かるように——歌謡曲と区別のつかない、ただ若者らしさを押し出すことを肯定するだけの音楽になってしまったのである。

聴いたままスッと入って来てスッと出て行くどうでもよさが、メッセージ色を希薄にしてしまったのである。それはフォークでもあるが、また歌謡曲とも言える唄に変化をしてしまったのである。

『フォーク・ビレッジ（ニッポン放送）』のディレクターだった市川光興は《アーティストの姿勢の問題だけど、たとえばプロテスト・ソング。ブームの時と違って今は〝敵〟が見えない。それを無理に歌っても共感は得られない。だから〝敵〟が見えてくれば、フォークはよみがえってくると思う》と言っている。また、松山千春は《関西フォークの生活観や社会性に影響されて、歌を始めた。いざ、歌おうと思ったら社会情勢がすっかり違っていた。そこで、愛とか恋とか精神的なプロテストの唄を歌った。プロテストという気持ちを忘れずに、フォークを歌ってきた》と、番組内で回想する（『週刊ＦＭ（八三年二月二十八日号）』）。

吉田拓郎が『ヤング・ギター（七〇年九月号）』でこう書いている。

《こんな事をいう人が多い。「ビリー・バンバンは歌謡曲じゃないか、あれはフォークではない‼」とか「トワ・エ・モア」は×○×とか」そんな事、僕は全然こだわる必要が無いと思う。フォークの中に思想的なものを含ませているメッセージ・シンガーや同好者の中ではこのようないい方も出来るかもしれないが、大体歌に「これは○○です」なんて肩書は必要ないのではないのだろうか。

僕は自分の作った曲が歌謡曲と呼ばれようと、いっさいかまわない。要するに歌である。それでいいのではなかろうか》と。

ここでは拓郎は、こだわる必要はないと言っているが、わたしには逆にそれがこだわっているように思えて仕方ないのである。つまり拓郎は歌謡曲に対するこだわりを否定することで、それに対する予防線を張っているのではなかろうかと思えるのである。しかし当時拓郎のように、「フォーク、フォーク」と言われ続けたフォーク・シンガーの多くは、そう決めつけられることに辟易し始めていたこともまた事実なのである

この頃になると、フォークは流行歌と同様のものとなっていく。かつてのカレッジ・フォークと同じようにフォークにプロの参戦が始まり、結局歌謡曲と同化していくような形になった。また再び、大学生の音楽、いやもっと低年齢層の音楽になって行ってしまったのである。

歌い手もまたそうであった。拓郎が言うように、聴き手が持っていた、プロテスト

をしていなければフォークではないというような束縛から解かれていったのである。自分の歌いたいものが見えてきたのである。

竹中労は《フォークはなぜ衰退したのか。歌謡曲と野合したからである。つまり、安直に盗作同然の手口で曲を作りさえすれば、〝大衆〟に受けるという流行歌のパラドックスを発見したときからフォークの衰退が始まった（『フォーク・リポート』72・秋）》と指摘する。この竹中の文章はかなり分かりにくい言い回しである。要するに、歌謡曲とフォークは密かに結びついてしまっていたということである。創作（作詞、作曲）において物真似をするという行為はあるまじきことではあるが、それが暗黙の内に許されるようになってしまった歌謡界の姿勢をフォークの連中が発見して、それを模倣するようになった時、フォークはダメになってしまったということを言いたかったのであろうか。

そうした現象に対して西岡はどう思っていたのか。

――どうにも思わない。だってそういうことしか出来ない人しかいないんだもん。だって、そういう人はいくら勉強したって出来ないんだもん。

本来みんな個人的なセンスで、個人的な嗜好で、それを一番大事にして、いわゆる個人の個性っていうものを一番表札のように表に出して、出来上がった音楽ということが文化ですよね。今までそういうのがなかったんですよね。そこにボクたちの時代のフォークが登場した。文化を提唱する人たちがいて、それを真似る人たちが出てくる。「○○風」みたいな人はいるけども。果たして真似したものが本物かどうかは分からない、だんだんそうなっていくもんですよ。世の中みんなそうですよ。

ギター持ったらフォークだっていうんだったら、まったくオリジナリティがないじゃない。やっぱり精神の部分が表じゃなくても、含まれていなければならないわけですよ。スピリッツを感じるというか、それが一番のいわゆる「あんこ」なんですよね。その「あんこ」の部分が、なんか「ジャム」だか「クリーム」みたいに、なんだか分らなくなっちゃったら、それはもう違いますよね。

いくら偉そうなこと言ったって、技術が高度になったって、質を持っていなかったらニオイで分かっちゃうんですよ。歌謡曲まがいのフォークが出てきたって、別に意にも介さないし、まず相手にしない。あっていけないわけじゃありませんから、どうぞ、そこにいて下さいって。つまり、いてもいなくてもいいってことですよね。

西岡のこの言葉はいい得て妙である。そして以下の文章に続くのだが、わたしはこの文章とかなりの時間にらめっこをしてどうにかまとめるにいたった。だが、もしかしたらその解釈が間違っているかもしれない。解析が未熟であるのを承知で、わたしなりに解釈した文章の前に、そのインタビュー部分を掲げておく。

西岡：そのね、音楽っていうのをやってきて、「おうた」っていうのがあるじゃないですか、「おうた」っていうのはボクらは凄く意識しているっていうか、過保護に大切にして作ってきたりするじゃないですか。でもそれほど人生にとって大切じゃないって思っている一般的な人にしても、小さいお子さんが歌う「おうた」、プロの方が歌うのも、お年寄りが歌うものも、民謡も沢山ある訳ですょ、「おうた」は。そんな中にわたしたちが歌うフォークも「おうた」としてある訳ですよ。そうすると、指向性をもった人にとってはあるかもしれないですけれど。私は民謡だー、なんとかだーってある訳ですけれど。指向性を持たない方もいらっしゃる訳ですよ。そしたらみんな「おうた」なんですよ。そうするとどれかが飛び出しているってことはないんですよ。そんな中の一つですから、他を否定するものではない。

なぎら：肯定するものでもない？

西岡：そうです。肯定するというよりは、他を受け入れようとは思わない。

なぎら：なるほどね。意に介さないっていうことですかね。カレッジ・フォークがある、アングラ・フォークがある、歌謡曲まがいのフォークがある、とすればこれはみんなフォークですかね。
西岡：いや、俺はそれは認めない。
なぎら：じゃあ音楽ですかね。
西岡：いやそれは「おうた」。
なぎら：ふーん？ そうすると、さっきの「他を否定するものではない」という言葉と矛盾してきちゃって、フォークとして気にしてるってことになってきますよ。
西岡：自分のものはね。自分のものは気にしてるんだよ。商業的には気にしてるんかな。意識してると思う。全然自分とジャンル違っててもなんか新しい音楽が出てくると一所懸命聴いている。勉強してる。そうじゃない嫌いな音楽が出てくると聴かないようにしようとか。

――（なぎらの解釈）そのね、音楽っていうのは全て「おうた」だと思うんですよ。ボクたちはその「おうた」を凄く意識をしているっていうか、過保護に大切にして作ってきたりするじゃないですか。それほど人生にとって音楽は大切じゃないって思っている一般的な人にしても、心の中には「おうた」というものがあると思うんですよ。小さいお子さんが歌うのも「おうた」、プロの方が歌うのも「おうた」、お年寄りが歌う民謡も「おうた」というふうに、沢山ある訳ですよ「おうた」は。その中にわたしたちが歌うフォークも「おうた」としてある訳ですよ。

でも、音楽に対して指向性を持った人っているじゃないですか。「わたしは民謡だ」「ボクはフォークだ」とかジャンル分けするような人が。そういう人は「おうた」が分からない。指向性を持たない人にとってはみんな「おうた」なんですよ。そうするとどれかが指向性をもって飛び出しているってことはないんですよ。そんな中の一つですから、他を否定するものではないんです。

この解釈で間違いないと思うのだが……。

丁度わたしがこれを書いていたのは、西岡さんの著書『満員の木』を読み返しているときだったのだが、《たくさんのコンサートにまわり出して、少しした頃のメモなんです》と書かれた一文が眼に入った。おやっ？　もしかしてこれが答えなんじゃないのかな？　そんなふうに気にかかったものでそれを記しておく。

《人はフォークについてどう思いますか、という、歌についてどう思いますか、どういう気持ちで歌いますか、どういう時にどんなふうにして歌を作るんですか……という。

わたしは困ってしまいます。あまりにうんざりします。私はたくさん歌を作ったりするけれど、「この歌がどうあらねば」などと思ったことはない。

第一
フォークがどうの　ロックがどうの
フォーク　フォーク　ロック　ロック
どうでもいいじゃないですか
私は未だに
フォークを歌っているとは思わない
それ以上に思いたくはない
作っているものだって
フォークを作ろうなんて
思ったことは一度もない
もうバカなことはやめにして

歌をうたいなさい
歌はそれだけしかないし
それだけからそれ以上になる
君はフォーク　フォークというけれど
フォークって何だか知っているのですか
もちろんボクは　何も知りません
よくまァめんどくさくないものだと思います
それだけ考えて……
とりたてて　フォークなんていう前に
とりたてて　歌と言い
とりたてて　歌なんていう前に
とりたてて　言葉と言い
とりたてて　言葉なんていう前に
とりたてて　政治と言い
とりたてて　政治なんていう前に
とりたてて　生命と言い

とりたてて　生命という前に
とりたてて　人間と言い
とりたてて　人間なんていう前に
とりたてて　自然と言い
とりたてて　自然なんていう前に
とりたてて　時間と言い
とりたてて　誕生と言い
とりたてて　誕生なんていう前に
とりたてて　流れる言い
　　　　　　音や耳と言え！》

わたしはここで意地悪な質問をしてみた。「仲のいいフォーク・シンガーでも、唄の良さをまったく感じない、嫌いな作品はありますか？」と。

——人格的には否定しないですけど、作品的には、友達でも大いに否定するものってあると思いますね。特に風船の頃は相容れなかったし、若い頃は嫌いなものは多かったです。でも若いときに比べると容認するようになっていますけどね（笑）。
なぎら：URCの仲間にはなかった？
西岡：へへへっ。
なぎら：ありました？（笑）
西岡：言った方がいいの？
なぎら：書きませんから（笑）
西岡：そりゃ～ありましたよ。

各々の個性は出てはきたが、フォークが持っている本来の個性をなくしてしまったのだろうか？　フォークの個性がなくなったとはおかしいだろうと言われるかもしれない。ここでわたしの言っているのは関西フォーク、アングラ・フォークが持っていた時代としての個性である。つまり何かに向かって歌っていた姿勢が、この頃になると若者が同調するようにと、個々の内なる感情に向かって歌われるようになっていったのである。

評論家で、元大東文化大学環境創造学部教授の篠原章は《フォークは闘うためのメディアから、音楽表現のメディアへ、アングラからポップへと変化し始めたのであった》と書いている。

若者の声がある核に向かって行くものではなくなり、放射状に広がって、こびて公に向かうようになってしまった時、唄は万人に受け入れられるようになる。万人向けというのは大衆化であって、一部の人に投げかけるものではないということでもある。大衆化されたフォークは決して原液ではなく、希釈されたものであるということを忘れてはならない。ある意味攻撃的であったものが、情感や脱力感を歌うことに変わり、若さの特権のような、あるいは若いという時代だけが持つ悲哀のようなものを歌うことで、フォークは抒情的な日記のような唄になっていってしまうのである。

「アングラからポップへと変化」、それが理由でもあるまいが、同時期、URCもまた衰弱していく。多くの歌い手は他のレコード会社に去って行く。社長であった秦はURCの活動が終わって行くにあたってこんなコメントを残している。

《URCはメジャーになりたくなかったんですよ。一番いい時にメジャーになろうと思えば、ある程度なれたんですよ。でもそれはやりたくなかった。だから野垂れ死にしたくないってんで、まあ、ちょうどうまいぐあいに合理化、整理できたんですよ

（笑）。だからＵＲＣレコードというのは倒産していないわけですよ》

これは一種の強がりのように聞こえるが、自分自身は上手く手を引くことが出来たという意味ではなかろうかと思うのである。

ＵＲＣは七四年に活動を停止し、十二月エレック・レコードと業務提携して営業を全部まかせ、販売のみを受け継いだのだが、結局エレック・レコードも七六年六月に倒産をしてしまう。一時代のフォークを支えてきた硬軟ふたつのインディーズ・レーベルがひとつになり、共に消えて行ったというのも何か因縁めいたものを感じるのだが……。

フォークがフォーク足らんとした時代は短いものであった。五つの赤い風船はその時代に存在した。その時代を見てきた。

フォークはニューミュージックというまるで味気のない言葉の音楽にとって代わられていく。フォークから脱した音楽をニューミュージックとは、なんとも知恵のない呼び方であろうか。レコード産業に携わる人間がつけたというが、そこに音楽に対する愛情をまったく感じることはできない。時代を担っていくであろう音楽に「新しい音楽」とはセンスの欠片もないし、愚かさしか感じ得ない。これまで誰しもが、新しい音楽をやって来ていたのである。ニューミュージックがフォークの延長にあるのだとしたら、そこにあったフォークは詞の重さを失い、ドライブのＢＧＭにして、詞の意味など意に介さないでいい新しい音楽になっていくのである。

わたしは今回この一冊を書くため、風船のレコードをすべて聴いた。七〇年代の音楽であるという形態の古さは否めないものがあるが、その内容に古さは感じられなかった。

わたしは風船の音の中で最も特徴的なものは、ヴァイブ（ヴィブラフォン）の音だと思っている。ヴァイブが入っている音を聴くと、もうそれは風船なのである。これはまず他のバンドに類を見ないサウンドである。それゆえに、完璧に風船をコピーできるバンドが存在しないと言ってもいいのではなかろうか。

ヴァイブの音が聴こえてくると、わたしの中の風船が大きく膨らんでくる。しかし今の風船（二〇〇〇年再結成の新生風船）にはこのサウンドがない。そうすると今の風船の中に、わたしの中にあるかつての風船が完全に重ならないのである。新生風船はかつての風船の唄をちゃんとなぞってはいるが、やはり同じ風船とは思えないのである。これは当時とメンバーが違っているから、というような当たり前のことを言っているのではなく、言葉にできない何かが違うのである。しつこいようだが言葉にできる部分のひとつとして、ヴァイブの音があるかないかということが関わってくるのである。しかるに今の風船に、かつての風船を投影できない大きな部分があるとすれば、わたしの中ではヴィブラフォンの音に他ならないのである。

そしてもうひとつ、風船の特徴的なサウンドは、西岡とフーコちゃんのハーモニーであることに間違いない。それは風船のサウンドでフーコちゃんの声、歌い方そのものがズバリ風船を感じさせてくれるからである。この独特なハーモニーも他のグループにはない特徴である。現在の風船の青木まり子さんのヴォーカルは、ある意味フーコちゃんのヴォーカルを髣髴とさせてくれている。ゆえに風船の音楽であるためには、青木さんのヴォーカルがいかにフーコちゃんのヴォーカルに二重写しにできるかにかかってくるわけである。つまり風船であるかないかは、西岡とフーコちゃんのヴォーカルのニオイがあるかないかということなのである。そうした意味で言えば、青木さんのヴォーカル起用は大成功である。青木さんの歌い方がフーコちゃんのニオイを持っているからなのである。ハッキリ言って歌唱はフーコちゃんより巧みだと思う（味という意味ではない）。そして、見事に風船を再現してくれているのである。しかし、そこでフーコちゃんに合わせるあまり、青木が本来持っているもの、本来の歌唱法を変えたりして自分らしさを殺しているとすれば、それは青木の悲劇である。しかし、もしもそれを割り切ってやっているのだとしたら、「お見事！」と拍手を送りたい。

しかし西岡さんは、かつての風船と同じなどと思ってはいないと言うだろう。それは百も承知である。わたしも自分の中では分かっているし、それに異議を唱えるつもりは毛頭ない。しかしオリジナルの風船と違った風船を良しとするのならば、『五つの赤い風船'75』（URCから七五年に発売。メンバーは西岡たかし、中川イサト、永井よう、金森幸介）をも認めなくてはならない、という懸念が生じる。懸念が生じるというのは、そこに存在した風船は五つの赤い風船ではなく、西岡たかし＋3でしかなかったからである。名前を風船としただけで、まったく違ったグループであったのではなかろうか。風船の名前が大きかったから、ただ商業的に五つの赤い風船の名前が必要だっただけではなかったのかという懸念なのである。

現在の風船が風船であるがためには、かつての風船をなぞるだけではなく、かつての風船を踏破しながら、今の風船の風船らしさを作り上げるしかない。これが風船のサウンドだと言い切れるものを再び作るしかないのではないか……。それでなければ今の新生風船に対しても、ノスタルジックにかつての風船のサウンドを求める観客（視聴者）だけにとどまってしまう。他のバンドやグループなどの一時的な再結成のように、それでいいんだ、ターゲットはそこだと言われれば、言葉に窮してしまうが……。しかし新しい曲も徐々に増やしている今の風船を見れば、決してそうではないんだということが分かる。だからわたしは、風船の風船たるものを見たいと――いや、感じたいのである。

ソロになった西岡は風船の残務をひとりでこなす。そして風船を解散半年後の七十三年二月、URCから初のソロ・アルバム『満員の木』を発表する。そのタイトルとなった『満員の木』の歌詞を載せておく。

満員の木

はじめは　はじめは
別に　これといって
木だったので
鳥だったので……
はじまると　はじまると
唯　なんとなく

木に鳥だったので
一本と一羽だったので……

その内に　その内に
これが　次第にであって
幾組もであって
鳥に木だったので……

それも次第に　それも次第に
むしろ　いつとはいえず
木に鳥だったので
一羽でなかったりで……

見る内に　見る内に
もっぱら　見る見るにで
一羽でないばかりで

むらがったりしまったりで
見あきるに　見あきるに
それほど　見あきれるに
一本の木でなかったりも
全て　満員の木であったりで……

終わりには　終わりには
それすら　終わったりには
木は口もきけず
鳥には小枝（こずえ）だったりで……

木ですら涙を流すのであります
木ですら涙を流すのであります

この歌詞の意味はお分かりであろうか？　この歌詞は、当時の西岡の心情を上手く行間に歌い上げている。〝木〟とは西岡自身のことである。〝鳥〟というのはファンおよび客である。

読売新聞の編集手帳にこんな一文があったので、蛇足だが記しておく。《樹木には、どこか人間を思わせるところがある。積み重ねた経験と知恵は「年輪」であり、妙な振る舞いをすればさてどんな木か「唐変木」と罵られ、立場が危うくなれば「大樹」の影に寄り添う（二〇一二年五月二十四日）》と。

はじめは　はじめは
別に　これといって
木だったので
鳥だったので……

初めはただの一本の木と、そこに止まる一羽の鳥だったのである。

見る内に　見る内に
もっぱら　見る見るにで

一羽でないばかりで
むらがったりしまったりで
やがて時間と共に、木に多くの鳥が群がり始めたのである。
終わりには
木は口もきけず
木すら涙を流すのであります
お分かりであろうか？

西岡は前出の『五つの赤い風船と仲間たち』がリリースされた時のインタビューの中でこう語っている。
《始まりの頃は歌い手も聞き手も同じ気持ちでやっている、みたいな部分があるんですよね。自分もそこらの町内をプラプラしている兄ちゃんじゃないか、という意識の方が強いわけですよ。今こんなことをいったら怒られるかもしれないんですけど、始まった時のアマチュア精神というのがずっと残っているんです。そこがフォークの良さかな、みたいな気持ちがするんですよ。「売れなきゃ」みたいな気持ちで出てきた後輩たちもいますけど……。最初に僕らが始めた頃は、売れるあてもなかったですから、そんなことも考えなかったですね。最初は数人か、十数人の前でやっていたわけですから》と。

西岡は五つの赤い風船時代より、ずっと長くソロで歌ってきている。風船の活動はたかだか五年であった。しかし、風船がフォーク界に投げかけたものは大きい。いや、日本の歌謡史に、と言っても大袈裟ではないとわたしは思っている。そしてそれは未だ多くの人の心の中に、ふんわり浮かんでいるのである。

言ってみれば、風船があったからこそ、西岡たかしがいたのである。いや違う、西岡たかしがいたからこそ、風船があったんだ、そうおっしゃいますか？　これでは、卵が先か鶏が先かと、そうした話と同じになってしまう。

要は、あの時代に五つの赤い風船は、いるべくしていたということである。

エピローグ

西岡は高田渡の通夜と葬儀には出席をした。しかし、四月二十八日に小金井市公会堂で行われた、追悼コンサートの形になった「送る会」には出演をしなかった。自分としては渡の弔いは通夜と葬儀でけじめがついていたと考える西岡の心の中に、弔いとステージは別なもののような気がしてならない、そんな感情があった。なんとなく、「弔い」と「コンサートで送る」そうしたふたつの感覚を混同させたくなかったのである。しかしこれは西岡の考え方であって、コンサートで送った人には何かを言うつもりは毛頭ない。

しかし、もし渡があの世から「西岡さん……」と何か語りかけてきたら西岡は、皆まで聞かずにこう言うだろう「俺は分かっている」と……。

「これがその答えの唄だ——渡、『白湯』って唄だ、お前のために作った、いや捧げた唄なんだよ」と。

白湯

初めて　家に　来た時は
彼が未だ　18（才）の頃だった
二人は　勿論　アマチュアで
ミシシッピ・ジョン・ハートが　好きだった

紅茶を出そうかと　たずねたら
白湯しか　飲まんと　いいだした
「親父の　二の舞　ご免だ」と
アル中で　売れない　詩人だったと…

小さなギターを　持ってきた
自分の歌に　夢中だった

ボクらは　いつしか　歌っていた
下手くそテープが　残っている

ずいぶん　みんなに　迷惑　掛けたよね
それでも　みんなに　好かれる　君だった
ボクより若いのに　老成しちゃって
だまって　先に　逝っちゃった…

仲良しだった…（渡ちゃん）
大好きだった…（渡ちゃん）
レコード・デビューも　いっしょ
最後のツアーも　いっしょ…
どんな　巡り会わせ　だったんだろう…

初めて　家に　来た時は
彼が未だ　18（才）の頃だった

こんなに長く　歌って来た　なんて
夢にも思えない　頃だったね…

（『Ｓｔｏｒａｇｅ～ボクの見た時代～』に収録）

あの当時の渡は、西岡が進めても、白湯しか飲まなかったのである。かたくなに他の飲み物を拒んだ。唄にあるように、紅茶すら飲まなかったのである。「でも、紅茶ぐらい……」と促すと、行き先を問われる迷い児のように顔をうつむけ、小さく首を振った。そしてやはり小さく、「親父の二の前は踏みたくない」と言って、渡は両手で茶碗を抱えるようにして白湯を口にした。渡の背が丸まっていたのを覚えている。

その渡が、どのような状況で酒を覚えたのか、どうしてあのような酒飲みになってしまったのかは知るところではない。西岡と一緒に旅をしている時には酒は飲まなかった。そう言えば、あるとき気がつくと酒を嗜むようになっていた。嗜むぐらいでやめておけば……渡は自分で妄信するというか、自分のスタイルを自己の中で作ってしまうようなところがあった。それはいい。それは認めてやる。しかし渡はそれに対してものを言う西岡の言葉にすら耳を貸さなかった。そうした西岡と同じように、歯がゆい思いをした人間もたくさんいるのだ。

「みんなに迷惑かけたんでしょ？」

そうしたことを西岡は唄にしたかったのだ。

あの時代を生き抜いてきたフォーク・シンガーたちは、あの時代があったればこそ、こうやってここまで来ることが出来たのである。あの頃、地方ではフォーク・ソングなどまだ分かってもらえなかった。

会場に来るのは、若い人ばかりでなく、お年寄りや小さな子供、フォークがなんたるかまったく知らない人たちが鑑賞相手だった。時には田舎の青年団を相手にやったりしたこともあった。待遇も悪いし、ちゃんとした舞台がないところもあった。幼稚園や小学校の講堂の片隅とか、観客が各々ゴザを持ち寄り、それに座ってというような会場もあった。マイクもテープレコーダーについてきたオマケのようなものが、棒にテープで巻かれているだけだった。そんな中でやってきた。

あの当時、西岡と渡たちがやったのは、「これがフォーク・ソングです」というのを知らしめることであった。「今までなかったもので、まったく新しいものですよ」と、全国を歌って回った。「素人が勝手にレコード作って、勝手にやっているんですよ、でもこれが本当の唄なんです」と、人の心に何かを植えつけようとした。ある種、文化を伝えた。

その関係が何だったかと問われれば、西岡と渡は当時を戦った戦友だったと答えるしかない。ものすごく純粋に燃えて、ひたすら前進をした戦友同士だったのかもしれない。そして高石が、岡林がいた。彼らも同じ時代のフォーク・シンガーであった。渡と風船はずっと彼らの前座だった。その人たちが隊長だとしたら、それは純粋な戦友ではなくなる。

ここに、六九年九月のスケジュールがある。それを見ると風船に関しては、高石、岡林どちらか、あるいは両名の前座をひと月の間に十九日やっている。風船のソロのコンサートに関してはなんと、たった一本だけである。片や渡のスケジュールを見てみると、高石、岡林の前座はひと月に十三日であり、ソロは一本もない。

あの時代、フォークがまだ若かった頃、渡も西岡もそこにいた。時代に流されそうになったとき、互いが互いを見えない何かでつないでいてくれた。また引っ張ってくれた。友達や友情などと見え透いたことは言いたくないが、右も左も見えない朝まだ浅き中で、何かがつながっていたのだ。見えない何かなのだ。その中で、ひとつ見えているものがあるとしたら、それはフォークが芽吹く時代――フォークがあった時代ということである。

一緒の路を歩いてきた西岡たちは、やがて枝道を見つけると、それぞれの道を選んで進んで行った。大きな路から生まれた枝道は決して太くはなかったけれど、進む先には明日があった。進むその先の道は太くなると信じていた。暗闇を進む内に、その先に光が見えると思っていた。

そして今がある。

西岡は思う。

ひとつ言えることはその時代の中でやって来て、自分たちの信念を貫くことが出来たと言うことだ。つまずかないでいられたと言うことなんだ。つまずいて弱音を吐けば、ヤツらの思うツボになる。自分たちは戦争をしていたのかもしれないし、していないのかもしれないし、命令だけしていたのかもしれないし、戦っているふりをしていただけかもしれないし、それは分からない……。

渡、ちょっと早くないか。

道から外れるにはちょっと早いよ。折角こんな遠くまで来ることが出来たというのに……こんな遠くまで旅をして来ることが出来たのに……。

あの頃、遥か遠いと思っていた〝今〟にやっと辿り着くことが出来たというのに……いや、どうにか辿り着けたのに……。

遠い世界に　旅に出ようか
それとも　赤い風船に乗って
雲の上を　歩いてみようか
太陽の光で　虹を作った
お空の風を　もらってかえって
暗い霧を　吹きとばしたい

僕らの住んでる　この町にも
明るい太陽　顔を見せても
心の中は　いつも悲しい
力をあわせて　生きる事さえ
いまではみんな　忘れてしまった
だけど僕たち　若者がいる

雲にかくれた　小さな星は
これが日本だ　私の国だ
若い力を　体に感じて
みんなで歩こう　長い道だが
一つの道を　力のかぎり
明日の世界を　探しに行こう

（了）

（敬称略）

あとがき

五つの赤い風船を介して、日本のフォークの歴史を――いや、歴史と呼ぶほど大袈裟でもないから、ひとつの歩みとでもしておこうか。その歩みを書いてみようと思い立ったのは、二、三年前のことであっただろうか。何かのコンサートの打ち上げの席で、その旨を西岡さんに話してお伺いを立てると、にべもなく「やめとき」と断わられた。あらら、じゃ～やめておくかと、こっちも諦めが早かったのであるが、実際のところそれは今までずっと心のどこかに引っかかっていた。

ところが今度はなんと、西岡さんのマネージャーから話がもたらされたのである。「西岡さんが四十五周年という区切りにあるので、風船の生い立ちを書いてくれないか」と言うのである。ほほ～っ、こりゃ渡りに船だとばかりに二つ返事で快諾したのだが、当の西岡さんが「そんなのいいよ、面倒臭いよ」と言うのである。面倒臭いのはこっちである。ところがマネージャーはあたしのように「じゃ〜やめておくか」と、簡単には諦めはしなかったのである。西岡さんをなだめすかし、いろいろな方向から責め立てた。さしもの西岡さんも、日毎夜毎のその責め苦に耐え切れずのた打ち回り血反吐を吐き……。要するに面倒臭くなったのか、「分かった、いいよ」と首を縦に振ったのである。

よ〜し、GOが出たかと勇んだわたしだったが、その時期というのがすでに年明け(二〇一二年)であった。夏に出版したいと話には聞いていたのだが、それに間に合わすとなれば、春先には脱稿しなくてはならない。おいおい、こりゃおちおちしていられないぞと、早速西岡さんに対してインタビューを決行した。

とにかく半世紀も前の話である。霞がかかっているような話を思い出してもらおうというのである。わたしは今まで西岡さん本人が書いたモノや、その他の談話などを拾ってきて、それを資料に話を聞き出しにかかった。ところが、それと西岡さんの話が食い違うのである。「西岡さん、かつてはこういう風に書いていますけど?」と本人に正すと、「そんなことはない」と言うのである。本人がそんなことはないと言うのだから、そんなことはないのであろう。そうすると、文章になっているのはどういうこと? 西岡さん本人が書いたもの、あるいはしゃべったことなのに、それが度々起こるのである。Aという文章と、Bという文章の話が食い違う。それを正してもらおうと西岡さんに訊くと、新たにCという話が持ち上がる。今、西岡さんが語っていることを真に受ければ、過去の話とまるで違ってくる。とにかく、ジグソーパズルのパーツをひとつひとつはめ込むような作業なのである。後になって、それならばわたしの風船に対する思いの丈だけを語っておけば簡単だった、と悔やんだのだが、それには時間が進行し過ぎていた。

プロローグとエピローグは、故・高田渡さんとの絡みと決めていた。さあて、それをどのように組み込んでいくか……二回、三回と西岡さんと顔を合わせたのだが、一度にそんなにいろいろ訊けるものではない。また住まいがいかんせん、東京と大阪である。電話やメールなどという便利なものがある時代ではあるが、電話やメールでは言葉と言葉の間にあるものが、つまり行間にあるものが読めないのである。何回か電話やメールでのやり取りもあったのだが、そこにはいかんともし難い歯がゆさがあった。

しかし、どうにかやりましたよ。当初二五〇枚（四〇〇字詰原稿用紙）も書ければ御の字と思っていたのだが、かろうじてそんな薄っぺらいものにならなくて済んだ。

最後になりましたが、スケジュールのやり取りをしてくれた西岡さんのマネージャーの新見知明さん、そしてわたしのマネージャーの田中卓史さんありがとうございました。そうそう、インタビューの原稿起しをやって下さった新見さん、松野恭平さん、大変な作業平伏です。中川イサトさん、西岡さん感謝です。

そして五つの赤い風船の追っかけをやっていたわたし——よもや数十年後、こうしたものを書くとは——ご苦労様でした。

また五つの赤い風船ファンの皆様、感謝です！

なぎら健壱

参考文献

『S盤アワー　わが青春のポップス』小藤武門　アドパックセンター
『日本フォーク紀』黒沢進　シンコーミュージック・エンタテイメント
『日本フォーク紀　コンプリート』黒沢進・他　シンコーミュージック・エンタテイメント
『満員の木』西岡たかし　立風書房
『日本フォーク私的大全』なぎら健壱　ちくま文庫
『60年代フォークの時代』前田祥丈、平原康司・編著　シンコーミュージック・エンタテイメント
『フォークは未来をひらく』高石友也　岡林信康　中川五郎・共著　新報新書
『フォークソングを語ろう』島田耕　日高義　渓川澄男・共著　新興楽譜出版社
『われらフォーク世代』山本コウタロー、小室等、吉田たくろう、三橋一夫　荒地出版社
『60年代のカタログ』小野耕世・編　21世紀ブックス

『1970音楽人百科』宮沢省三、長野修、大黒静郎・編著　学習研究社
『風に吹かれた神々』鈴木勝生　シンコーミュージック・エンタテイメント
『日本ロック&フォーク　アルバム大全　1968—1979』田口史人、湯浅学、
　北中正和・監修　音楽之友社
季刊『うたうたうた　フォーク・リポート』アート音楽出版
月刊『新譜ジャーナル』自由国民社
月刊『ボーイズライフ』小学館
月刊『ヤング・ギター』シンコーミュージック・エンタテイメント
月刊『MEN'S CLUB』婦人画報社
週刊『週刊FM』音楽之友社
『新譜ジャーナル別冊　五つの赤い風船』自由国民社
『ミュージックライフ六六年九月号増刊　FOLK　SONG』新興楽譜出版社
『AERA　in　FOLK』朝日新聞社

＊筆者注　参考文献の中から文章を引用させてもらいましたが、あきらかな語句の間違い、「ゆれ」等は訂正させていただきました。

解説　カンケリの似合うインテリ

タブレット純

タブレット？　端末？……すみません、末端芸人にして、いまだにガラケーしか持っていない者なのですが、ひとまずよしなに。この栄誉を授かった経緯として、なぎらさんと初めてお会いした夜のことを書かせて頂きます。あれは三年ほど前、場所は四谷・荒木町のスナック。知人の〝おムード歌謡〟好き漫画家・東陽片岡先生（この方も筆舌KOなコク深いお方）が雇われマスターをされていてたまに顔を出すお店で、お仕事の帰り道に赤ら顔でふらり流れて扉を開けるや、なぎら健壱さんのそっくりさんが。ぼく自身変異型ベルサイユ、「にせアルフィー」のような風体なもので、あぁこの方も飲み仲間内で〝なぎら〟と称されてるんだろうなぁと腰をおろすや、のほほんとした春風の如きアタシ口調……え？　鑑定結果はまごう方なき本物！　ひょぇ〜！　年代物っぽいシブいカメラを首からぶら下げたなぎらさんはやれ珍獣見つけたとばかりに、酔いも一瞬で覚めた蒼白なぼくをパシャパシャと撮り出しました。どうやらカメラ関連の雑誌の取材でいらしていたようで、「さて、そしたらアタシは今度こそ帰りますかな」と腰をあげてらしたのは午後九時過ぎだったかと思いますが、ぼくが再び燃料をくべての「気が弱いくせにずうずうしいビーム」を横から幽《かす》かに発しているうちに場はいつしか「なぎらインハトヤ」と化し、結局散会となったのは午前三時！　最後はほんの数人のお客にもかかわらず、わざわざトイレの〝舞台袖〟まで利用しての絶品矢沢永吉ものまねショウで抱腹絶倒のうちに幕を閉じました。ほんとにお腹がよじれました……。さらにはぼくの唄う「ラブユー東京」（ちなみにぼくは元「和田弘とマヒナスターズ」……とここはとっ散らかるので短めに）や「小さな日記」（なぎらさんが忌み嫌うはずの坊っちゃんフォーク）にもおもむろにすっとマイクを取りハモってくださるというサービス精神に驚嘆するとともに、そのさらなるフィールドワークの深さに沁み入りました。プロレスの話に飛んで「ぼくは国際プロレスが好きなんです」と四〇年も前に崩壊した団体愛を披瀝《ひれき》するや「国際ね。シャチ横内知らない奴ぁもぐりだよ」すぐさま〝清美川仕込みの十字チョップ〟なるワードが口を衝いた時に目が合ったなぎらさんから「よし」といった優しいまなざしがあったことを付記しておかねばなりません。なんのこっちゃな皆さま、すみません……。

とにかくも夢のように知遇を得て、以来ぼくがやっている何年経ってもスポンサーのつかないラジオ番組にも雀の涙でゲスト出演してくださるなど、なぎらさんの奏でる哀愁のスリーフィンガーの空いてる小指の爪の垢くらい気にかけてくださり、それを煎じて飲むようになりました次第です。

そして、ぼくのフォーク歴につきまして。小学生の時には親戚から貰った小椋佳さんの全曲集を愛聴し、初めて買ったカセットテープがガロ（ＧＡＲＯ）だった（余談なのですがそれを親に買ってもらった吉祥寺のレコード店には五つの赤い風船のシングル盤があって「五つなのになんで四人なんだろう?」と思ったことだけがずっと残り、それが風船の原体験でした）そんな軟弱くらげなぼくがなぎらさんの『日本フォーク私的大全』を購入したのははたち頃だったかと。この本は持ち歩き過ぎていつの間にやらどこかへなくなってしまい、やがて文庫版を手に入れるもそれは銭湯のサウナで繰り返し読み耽るうちにふやけて破断され手の施しようのない状態になりお釈迦に。結局ないんかい！　すみません、何が言いたいのかと申しますと、ちくま様もし余っていたら一冊……じゃなくて、いわば殿堂入りするほどに長年の愛読書だった次第で、不意に予期せぬ場所でご本人と遭遇したその静かなる狂喜とつながりましたでしょうか。さらに遡れば中学生の時、確か「11ＰＭ」のフォーク特集にて目撃した、フォークジャンボリーの記録映画「だからここに来た」において、ほんの数分のダイジェストにもかかわらず衝撃、山奥のドライブインで泥臭く荒削りな自然薯こそ真の山芋であることを知った時のような、〝本物〟に出くわし度肝を抜かれていたぼくにとって、この本はわだかまっていた源泉の水先案内、「フォーク旧約聖書」になると共に、子供の頃はいっぽんでもニンジンなお笑いタレントさんだと思っていたなぎらさんが（失礼）、実はとんでもなく煤けたブルースなお方だと知るに至ったわけであります。そして〝人間いくらどん底でも何度だって這い上がれる〟といった人生の教科書かつ異端の伝道書（これまた失礼）ともなっておりました。ちなみに高校生の頃川崎で、そうした関西フォークな方々の集うコンサートを見に行ったのが思えばぼくの初めての実演鑑賞、本当に歌いながら泥酔して寝てしまった高田渡さんの洗礼を浴びたことによって、沼袋の電柱を抱きながら眠る己の夜な夜なが形成されたように思えます。

　前置きが長くてすみません、いざ、この本へ。なぎらさんから「関西フォークがタイトルだけどおーむねフーセンのことだからね」とあらかじめ伝えられておりましたので、まずは自分の音盤段ボールをひっくり返してみることに。全集のボックスがあることも知ったのですが、付け焼き刃で勉強してもなぎらさんの慧眼《けいがん》にはお見通しされるのは明白なのと何より金欠でしたので、かねてから所有の風船および西岡たかしさんがらみのレコードを集め、針を落としながらの拝読となりました。ちなみに（チナミニストにてご容赦)、あったのは高田渡さんとカップリングとなったファースト(たしかに金字塔!)、「フォークアルバム第一集」、「溶け出したガラス箱」、シングル「悲しい街角」(B面「ささ舟」が好きになりました)、「風がなにかを~フランス語版」、「砂漠」(URCの年賀状レコード)、秘密結社○○教団「あくまのお話」、吉永小百合さんのカヴァーによる「遠い空の彼方に」(レア! 銭湯回数券越え)。なかなかのラインナップでしょう、なぎらさん。ふふふ……。

もとい、中学二年の時、深夜ラジオのフォーク特集での「遠い世界に」が風船の音楽に触れたあけぼのだったのですが、たちまち闇夜の白昼夢を泳ぐことができ、テープに録音していたそれはお気に入りの空気の缶詰におさめられ、以来毎年扇風機の鉄枠でオートハープを奏で親におこられる夏休みがありました。そんな思春期をくゆらせながら届いたたくさんの紙の匂い、どっしり大変な力作を懐かしい風のようにすら読めたのは、やはりなぎらさんが風船を信奉なさってるゆえでしょうか。それこそ風船の音楽とともに頁がめくられ、余韻と遊びながら、軽妙にして詩的で奥深いなぎら節をまたしても堪能。そしてぼくが小学生の時にラジオからマヒナスターズを知り夢中になったのと同じ心の柔らかさで、なぎら少年が風船の世界にたちまち引き込まれてしまったその興奮が同じ空に響き渡ったような感覚をおぼえました。

また西岡さんとなぎらさんが、「自分だけの大切な絵の具」のなかで人生を描いている、そのなだらかな平筆に溶けていくような、はたまた「自分だけの大切なおもちゃ箱」のなかで人生を遊んでいる、そのゆるやかなゼンマイに溶けていくような、まるでお二人と一緒に、幸せな時間を過ごさせていただいたようでした。あれ？　解説ってこんなじゃないですよね……。

ひとつひとつ感動を書こうとすると溢れすぎて、せっかくの風船が割れてしまいそうで、抽象的な表現しかできないのですが、自分のノートの走り書きには、「カンケリの似合うインテリ」「ハンディに暖かいダンディ」「この世の空き地に咲く花」「風を描く魔術師」なる四つの言葉だけが今残されています。これはなぎらさん、西岡さんの双方に感じたぼくの心の風船でしょうか。ちょうど風船のメンバーと同じ四つですが、飛びそうにないしおれた風船ですみません……。西岡たかしさんにはお会いしたこともないのに恐縮ですが、高田渡さんの通夜と葬儀には出席しながら、〝「弔い」と「コンサートで送る」そうしたふたつの感覚を混同させたくなかった〟ために「送る会」には出演しなかった、その逸話にお人柄が集約されているような気がいたします。そんな心の風船が紡ぎ出す唯一無二の世界観にあらためて共鳴し、これはムードコーラスとしてもとらえられるような。ぼくがマヒナスターズに在籍していた頃、

「コーラスはばらついてもいいからとにかく風のように」とリーダーの和田弘さんに教えられていたのですが、この都会の片隅に淋しい鳩たち、それぞれの風のコーラスは、くしくも同じワンちゃんマークのジャケットも遠因してか、「歌謡曲」としても珠玉に思えたのは心外でしょうか。しかし西岡さんの信念として、音楽はジャンルに限らず全てが「おうた」であり、翻って全ての人の胸には「おうた」があるというお考えにも、職業や性別のジャンルまでよくわからなくなっているトホホな自分には果てしない「生きる頼もしさ」を感じ、天衣無縫な懐に海容される気がいたしました。そしてそのお考えはなぎらさんにも通底しているように思え、この度実は古本屋さんで偶然に同じちくまさんの『酒場漂流記』も見つけ併読していた次第なのですが、この本がまた大傑作。人間の悲哀を酒と笑いと「おうた」に変えて生きるなぎらさんこそ真の芸人であり、文学者ではないのか。そして何故これらの本が文学賞をひとつもとっていないのか。この国はおかしい！と、フォークの影響でめずらしくプロテストな感情にもなってしまったりして。でも賞などいらないのがなぎらさんなのであり、でもほんとに賞に選考されたらひょいひょい喜んでもらうチャーミングさが我らがなぎらさんの気がいたします。とはいえどんな文学賞よりいつまでも東スポ大賞が似合うなぎらさんでいて頂きたいです。永遠に、そして後世にも、ずっとオンリーワンなかっこいい〝人情職人・カンケリストなぎら〟であれ！

さいごにもう一つ、このお話を頂いて感慨深かったのは、先の『日本フォーク私的大全』の解説をなされたのが故・黒沢進さん（実は文庫判のそれは黒沢さん宅から拝借した遺品でした……なのに……）。フォークよりもグループサウンズ史家としての足跡を多く残された方ですが、ぼくは中学時代から文通させて頂き、没後もずっと私淑する心の師匠でありまして、同じ丘に立てたことがとても感慨深く、やはり少年の感動のまま一生を駆け抜けた黒沢先生のそよぐ空にもひとつ、風船を捧げることができました。なぎらさん、その度の入っていない（！）お眼鏡にかなえてくださり、本当にありがとうございました。と、沼袋でひとり赤い風船になりながら筆を置き、さらに赤ホッピーで「遠い世界に」打ち上がりたいと思います〜。

本書は、二〇一二年七月二五日にアイノアより刊行された『五つの赤い風船とフォークの時代』を加筆修正して文庫化したものです。

日本音楽著作権協会（出）許諾第２１０３０５４—１０１号

ちくま文庫

関西《かんさい》フォークがやって来《き》た！
――五《いつ》つの赤《あか》い風船《ふうせん》の時代《じだい》

二〇二一年五月十日　第一刷発行

著　者　なぎら健壱（なぎら・けんいち）
発行者　喜入冬子
発行所　株式会社　筑摩書房
東京都台東区蔵前二―五―三　〒一一一―八七五五
電話番号　〇三―五六八七―二六〇一（代表）
装幀者　安野光雅
印刷所　中央精版印刷株式会社
製本所　中央精版印刷株式会社

ISBN978-4-480-43719-8　C0195